Die Schule – Geburts- und Lebensraum des Kindes

Klaus Käppeli

Die Schule – Geburts- und Lebensraum des Kindes

Zweite, überarbeitete Auflage

Mattes Verlag Heidelberg

Klaus Käppeli
Kellerswiesenstrasse 11
9034 Eggersriet
SCHWEIZ

Bibliographische Information Der Deutschen Bibliothek
Die Deutsche Bibliothek verzeichnet diese Publikation in der Deutschen Nationalbibliographie; detaillierte bibliographische Daten sind im Internet über http://dnb.dnb.de abrufbar.

ISBN 978-3-86809-183-0

Bildnachweise: Käppeli, privat
Mattes Verlag 2022. Hergestellt in Deutschland

Inhaltsverzeichnis

Anerkennung und Dank 7

Vorwort von *Joachim Lichtenberg* 9

Vorwort zur zweiten Auflage 13

Geleitwort von *Ray Castellino* 15

1 Einleitung, Anliegen, Intention 17

2 Der Lebensatem in und um uns 19

3 Übergänge – Markenzeichen des Lebens 21

4 Kindergarten und Schule im Spiegel frühester Erfahrungen 31

4.1 Kinder lieben das Zusammensein mit anderen . . . 31

4.2 Die Lehrperson in der Mutter-/Vater-Übertragung des Kindes 32

4.3 Das Klassenzimmer – »Gebärmutter« während einer wichtigen Zeit in der Entwicklung des Kindes 36

5 Pädagogische Themen auf dem Hintergrund von Schwangerschaft und Geburt 45

5.1 Meine Arbeit mit Kindern und Familien 45

5.2 »Mama, eines Tages gehe ich wieder in die Schule« Schockerfahrung während der Schwangerschaft und ihre Auswirkung 55

5.3 »Ich warte auf den Zwilling« – Auswirkung auf die Lernbereitschaft 59

5.4 »Ich spüre, wann ich bereit bin« – Das Warten auf den inneren Impuls 64

5.5 »Helft mir – Ich schaffe es nicht!« – Kaiserschnittkinder in der Schule 69
5.6 »Ich habe Angst, wenn du nicht da bist« – Frühe Trennung 73
5.7 »Ich passe auf!« – ADHS-Kinder und ihre Erfahrungen 79
5.8 Abschied nehmen und loslassen können 81
5.9 Mobbing in der Schule 83

6 Lehrkräfte und Eltern unterstützen das Kind 87
6.1 Bewegliche, achtsame Schule 87
6.2 Leitgedanken für ein gesundes Zusammenleben . . . 88
6.3 Im Dialog mit Kindern 101
6.4 Umgang mit verletzenden Äußerungen 103
6.5 Herausforderungen annehmen 108
6.6 Unterstützende Schritte auf dem Weg zurück in die Klasse 111
6.7 Übertragung und Gegenübertragung im Klassenzimmer 114

7 Gesunde Lehrkräfte = Gesunde Kinder 119
7.1 Lehrkräfte, die gut für sich sorgen 119
7.2 Die eigene Schwangerschafts-, Geburts- und Schulgeschichte kennen 119
7.3 Umgang mit sich selbst – Gefühle anerkennen 120
7.4 Eigene Ressourcen pflegen 121
7.5 Interaktion fördern 123
7.6 Gegenseitige Unterstützung und Zusammenarbeit von Schule und Elternhaus 124

8 Abschließende Gedanken und eine Vision 127
8.1 Das Kind in der Vielfalt von Energiefeldern 127
8.2 Meine Vision 129

9 Literatur 131

Das sagen Leserinnen und Leser … 134

Zu meiner Person 135

Anerkennung und Dank

Viele Menschen haben mitgebaut, damit dieses Buch entstehen konnte. Ihnen bin ich zu großem Dank verpflichtet. Die 15jährige Tätigkeit als Schulpsychologe hat mein späteres Wirken vorbereitet, ohne dass ich es damals so wahrgenommen hätte. Heute sehe ich die Zusammenhänge klarer. Bereits damals und dann entscheidend in den Begegnungen mit Familien, Kindern und Erwachsenen, die auf vielfältigste Weise von ihren frühen und frühesten Erfahrungen erzählten, wurde mir bewusst, wie sehr diese Erfahrungen das Leben prägen und begleiten. All diesen kleinen und großen Menschen bin ich zu tiefem Dank verpflichtet. Sie haben mir Mut gemacht, ihre Erfahrungen weiterzutragen, damit unser Leben noch verbindlicher und zwischenmenschlich reicher werden kann.

Meine tiefe Anerkennung und mein Dank gelten meiner Frau Monica. Sie hat in unzähligen Stunden mein Manuskript kritisch durchforstet und grammatikalisch aufbereitet. Dabei konnte ich mich auf ihr sprachliches Feingefühl verlassen. In vielen Gesprächen haben wir die Themen besprochen und von verschiedenen Seiten beleuchtet. Ich habe eine großartige Unterstützung und Zusammenarbeit erlebt.

Danken möchte ich ebenso meinen Söhnen, Marco, Roger und Philipp. Sie haben mit ihrer Erfahrung im beruflichen und familiären Alltag mein Anliegen aus einer anderen Perspektive auf inspirierende Weise begleitet.

Ein tiefer und aufrichtiger Dank gilt Regina Bücher und Joachim Lichtenberg. Sie haben meine Ausführungen fachlich begleitet und wertvolle Hinweise eingebracht. Ihr Engagement hat mich selbst sehr beflügelt und bestärkt. Joachim Lichtenberg danke ich für die gehaltvollen, einleitenden Worte.

Nicht vergessen möchte ich viele Kolleginnen und Kollegen, mit denen ich mich immer wieder austauschen konnte. Ihre Anregungen haben meine Arbeit zusätzlich bereichert.

Danken möchte ich dem Mattes Verlag in Heidelberg für das Vertrauen, das er mir und meinem Buch entgegengebracht hat. Dadurch kann ich mein Anliegen einer breiteren Öffentlichkeit zugänglich machen.

Vorwort

Der erste Blick auf den Titel *Die Schule – Geburts- und Lebensraum des Kindes* lässt manche Leserinnen und Leser vielleicht erst einmal stutzig werden. Was hat denn die Geburt eines Kindes mit der Schule zu tun, mit Erfolg und Misserfolg, mit Freud und Leid beim gemeinschaftlichen Lernen? Klaus Käppeli zeigt in diesem Buch auf, wie Kinder und Jugendliche auch in Kindergarten und Schule auf ihre Erfahrungen aus Schwangerschaft und Geburt aufmerksam machen. Seine Ausführungen helfen Erziehungspersonen dabei, diese frühen traumatischen Prägungen zu erkennen und Kinder achtsam zu unterstützen.

Die Therapie von Belastungen der vorgeburtlichen Zeit und der Geburt kam Ende der Neunziger Jahre in die Schweiz. Während einer gemeinsam besuchten dreijährigen Ausbildung bei Ray Castellino und William Emerson lernte ich Klaus Käppeli als einen inspirierenden Kollegen kennen. Schon damals fiel mir seine besondere Gabe auf, diesen neuen und ungewohnten Blick auf die Bedeutung der frühesten Lebenszeit einleuchtend zu vermitteln. Seine Fähigkeit, sich sehr verständlich mitzuteilen, verdankt er unter anderem seiner langjährigen Erfahrung als Schulpsychologe in der Stadt St. Gallen, sowie seiner pädagogischen Arbeit mit Kindern und Trainern in Fußballvereinen auf dem Land.

Ab 2002 begann der Autor seine therapeutischen Erfahrungen auch in Vorträgen zu vermitteln. Darüber hinaus gelang es ihm, in geburtshilflichen Kliniken Gehör zu finden und wirksam zu werden.

Als ich von seinem Vortrag zu den Auswirkungen von Kaiserschnittgeburten erfuhr, war es mir ein großes Anliegen, diesen auch für das Tübinger Publikum zu organisieren. So kam es zu insgesamt vier Vorträgen mit verschiedenen Themen.

Schon in den Titeln der Vorträge, welche auch auf DVD erhältlich sind, wird ein stärkender Blick auf das Erleben und das Entwicklungspotential des Kindes deutlich:

»Die Kaiserschnittgeburt im Erleben des Kindes«

»Zange oder Vakuum: Was erfährt das Kind dabei?«

»Schwangerschaft – Trainingsfeld des Lebens«

»Bonding – das Tor zur Welt der Beziehungen«

»Keine Lust auf Schule – Wie Kinder einen Weg suchen, in die Welt zu kommen – Pädagogische Themen auf dem Hintergrund von Schwangerschaft und Geburt.«

Das vorliegende Buch ist sehr anschaulich aufgebaut. Die zahlreichen Beispiele aus der Therapie von Kindern reichen von Lernschwierigkeiten bis hin zur Verweigerung des Schulbesuchs. Sie machen das Ausmaß frühester Traumatisierungen deutlich, vermitteln aber auch realistische Hoffnungen und Lösungswege.

Bei den theoretischen Erläuterungen fließen nun auch die Erfahrungen aus den prä- und perinatalen Ausbildungen ein, welche er zusammen mit Regina Bücher leitet. Durch die prägnante Vermittlung von Hintergrundwissen werden Eltern, Lehrpersonen und Therapeuten ermutigt und befähigt, mit einem neuen Blick und Verständnis auf die Symptomatik zu schauen.

Auch aus meiner eigenen therapeutischen Erfahrung mit Säuglingen, Kindergarten- oder Schulkindern kann ich den Ansatz von Klaus Käppeli nur bestätigen: wenn wir »Großen« das Kind in seinem Erleben spiegeln, lernen wir es umfassend zu verstehen. Dieses wiederum unterstützt seine einzigartige Fähigkeit, sich rasch und wundersam zu wandeln.

Ich bin sicher, dass die Botschaft dieses Buches, das Kind auch in der Schule vollständig und immer wieder willkommen zu heißen, den Verstand und das Herz von vielen Leserinnen und Lesern erreichen wird. Und im Sinne von Donald Winnicotts *good enough mothering*, wird sich eine segensreiche Wirkung auch schon bei einer *hinlänglich guten Umsetzung* entfalten können.

Eine inspirierende Lektüre wünscht

Joachim Lichtenberg, Diplom-Psychologe,
Lehrer für Craniosacraltherapie, Prä- & Perinataltherapeut
in Tübingen

Vorwort zur zweiten Auflage

Bereits beim Erscheinen der ersten Auflage war mir klar, dass es Zeit braucht, bis das Bewusstsein für mögliche Zusammenhänge zwischen frühen Erfahrungen und Verhaltensweisen eines Kindes in der Schule auch im pädagogischen Feld Wurzeln fasst. In der pädagogischen Ausbildung erfahren die Studentinnen und Studenten kaum etwas über diese Zusammenhänge. Daher ist es nicht erstaunlich, dass es zunächst Stirnrunzeln auslöst, wenn die Lehrkräfte erstmals davon hören. Umso erfreulicher war es für mich zu erleben, wie die Botschaft immer mehr durchdringt und die Zusammenarbeit in den Schulen zunimmt. Der Austausch mit verschiedenen Schulen hatte im positiven Sinne seinen Einfluss, indem Unklarheiten entdeckt und in der zweiten Auflage verändert und einzelne Bereiche ausführlicher behandelt werden konnten. So wurde im Abschnitt »Konfliktbewältigung« das praktische Vorgehen durch ein Beispiel mit konkreten Schritten ergänzt. Die Begegnung mit Lehrkräften, Kindern und Behörden haben es möglich gemacht, dass die zweite Auflage noch praxisnaher und hoffentlich grundsätzlich zu gesunden Beziehungen in den Schulen beitragen wird.

Geleitwort

Ich wünschte mir, dass Klaus Käppelis Buch »Die Schule – Geburts- und Lebensraum des Kindes« in den späten 1960er und frühen 1970er Jahren verfügbar gewesen wäre, als ich Musiklehrer für 11- bis 13jährige an einem öffentlichen Gymnasium in den USA war.

Klaus Käppelis Botschaft ist klar: Kinder kommunizieren und spielen ihre frühen präverbalen Geschichten konsequent durch emotionale Ausbrüche, Verhaltensweisen und Bewegungen aus. Das Verstehen unserer eigenen frühen, vorsprachlichen Geschichten hilft uns, als Eltern und Lehrer sich auf sinnvolle und mitfühlende Weise mit unseren Kindern und Schülern zu verbinden. Als Eltern und Lehrer haben unsere eigenen frühen Geschichten einen tiefen Einfluss darauf, wie wir uns fühlen, welche Überzeugungen wir haben und welch tiefliegende Erfahrungen wir im Moment machen.

Als junger Vater und Lehrer direkt nach dem Studium hatte ich keine Ahnung, dass meine Wahrnehmung, meine Sichtweise auf die Welt, in der ich lebte, so tief von meiner Erfahrung im Mutterleib, von meiner Geburt und meiner Kindheit beeinflusst wurden. Ich wusste nicht, dass meine Kinder und meine Schüler unbewusst ihre frühen Geschichten zeigten und ausdrückten. Wäre Klaus' Buch damals verfügbar gewesen, hätte ich ein ganz anderes Verständnis und solide praktische Möglichkeiten gehabt, mich mit mir, meinen Kindern und Schülern zu verbinden. Der Autor gibt aufschlussreiche Einblicke in das Verständnis, wie tief all unsere Erfahrungen während Schwangerschaft und Geburt und als Säugling unser Leben heute beeinflussen. Er gibt uns praktische Möglichkeiten, dieses Verständnis in unseren Familien und in der Schule anzuwenden.

Ich traf Klaus Käppeli Mitte der 90er Jahre. Ich wurde in die Schweiz eingeladen, um einen Ausbildungskurs in prä- und perinataler somatischer Psychologie zu unterrichten. Ich bin während fast drei Jahren sieben Mal in die Schweiz gereist, um diese jeweils eine Woche dauernde Ausbildung zu unterrichten. Klaus war in dieser Ausbildung Student. Es dauerte nicht lange, bis ich sah, dass Klaus schon damals ein brillanter Therapeut und Lehrer war. Sein Geist, seine Präsenz, seine Beiträge im Austausch während den Unterrichtseinheiten und die Art und Weise, wie er sich auf eigene Prozesse einließ, veranlassten mich ihn einzuladen, mein zweieinhalbjähriges somatisches Training in prä- und perinataler somatischer Psychologie in Kalifornien zu unterstützen. Klaus reiste acht Mal nach Kalifornien, um als Teil des Assistententeams an dieser Ausbildung teilzunehmen. Es ist ein solches Privileg, Klaus als Kollegen und Freund zu haben. Er ist eine Persönlichkeit, die nachhaltig tiefgreifende positive Beiträge für die Welt leistet.

Ich hoffe, dass Klaus Käppelis Buch in viele verschiedene Sprachen übersetzt werden kann. Denn seine Botschaft ist auf der ganzen Welt gefragt.

Hochachtungsvoll,

Ray Castellino, DC., RPE, RCST
Direktor und Gründer von Somatic Blueprint^{sm} – Weiterbildungen
Co-Direktor und Mitbegründer der Institution Building and Enhancing Bonding and Attachment (BEBA)

1 Einleitung, Anliegen, Intention

Prägungen sind ein ständiger Begleiter in unserem Leben. Sie beeinflussen unser Fühlen, Denken und Handeln. Sie sind selbst in unseren Träumen präsent. Diese Prägungen haben mich in der Auseinandersetzung mit meiner eigenen Geschichte und in meiner beruflichen Tätigkeit immer begleitet und fasziniert. Die Faszination hat sich wesentlich verstärkt, seit ich mich mit Erwachsenen, Familien, Kindern und Babys beschäftige, die eine schwierige Schwangerschafts- und Geburtsgeschichte erlebt haben. Es beeindruckt mich, wie ganz frühe Prägungen unser Leben auf unterschiedliche Weise beeinflussen. Es berührt mich immer wieder, wie Babys, Kinder, Erwachsene, Familien und ganze Beziehungssysteme damit umgehen und lässt mich vor der Vielfalt der Lösungen staunen. Ich habe eine große Achtung vor dem Leben und fühle mich oft am Beginn des Lernens, wenn ich im Rahmen meiner beruflichen Tätigkeit kleinen und großen Menschen begegne, die mir ihre Erfahrung mit dem Leben schildern. Ich könnte mir gut vorstellen, dass viele Lehrerinnen und Lehrer durch das intensive Zusammensein mit den Kindern ähnliche Erfahrungen machen.

Mein Interesse, das Lebensfeld »Schule« im Zusammenhang mit Schwangerschaft und Geburt etwas genauer unter die Lupe zu nehmen, entspricht einem lange gehegten Traum. Von 1973 bis 1988 war ich als Schulpsychologe in der Stadt St. Gallen in der Schweiz tätig. Ich hatte unzählige Begegnungen mit Lehrpersonen, Eltern und Kindern. Diese Begegnungen haben mir damals etwas Wichtiges aufgezeigt, nämlich: wie prägend Beziehung und Verbindung sind. Mir wurde damals immer mehr bewusst, dass wir den Blickwinkel verändern müssen. Meistens ging es darum, mittels Tests die Leistungsfähigkeit oder das Leistungsdefizit eines Kindes zu bestätigen und folglich Maßnahmen für das Kind ins Auge zu fassen. Das weit wichtigere Feld, das Beziehungs- und Verbindungsgefüge im Leben eines Kindes, spielte meistens nur eine untergeordnete Rolle. Mir war damals noch zu wenig bewusst, dass das Kind mit seinen Verhaltens- und Leistungsschwierigkeiten auf etwas hinweist, das nicht bei ihm, sondern im Beziehungsfeld gesehen und behandelt werden sollte.

Seit ich mich mit der Integration prä- und perinataler Erfahrungen befasse, dem Verweben von ganz frühen Erfahrungen mit dem aktuellen Leben, habe ich mit Kindern zu tun, die z. B. die Schule nicht mehr besuchen oder sonst im schulischen Alltag Anlass zu Sorge geben. Mit Erstaunen stelle ich fest, wie wenig die Zusammenhänge zwischen ganz frühen Erfahrungen und Ereignissen in der Schule bekannt sind. Ich möchte mit meinen Ausführungen einesteils auf diese Zusammenhänge hinweisen. Andererseits trage ich die Hoffnung in mir, dass im feinfühligen Verstehen dieser subtilen Vorgänge den Kindern unnötiges Leid erspart bleibt und die Schule ihren Auftrag in einem umfassenderen Rahmen erkennen und leben kann. Zudem wünsche ich mir, dass die Zusammenarbeit zwischen Schule und Elternhaus mit neuen Impulsen belebt und vertieft werden kann, was wiederum den Kindern und ihrer Entwicklung zugute kommt.

Meine Intention ist, einen Beitrag zu leisten, dass das Natürliche und Gesunde in der Schule leben und wachsen kann, dass wir die Kraftquellen im System pflegen, mit denen Veränderungen möglich sind. Ich wünsche mir und allen Leserinnen und Lesern ein stetes Weiterwachsen und Neuentdecken, ein Offenbleiben in der Freude am Gedeihen unserer Kinder und damit unserer Zukunft.

Mein Buch ist eine Sammlung von langjährigen beruflichen Erfahrungen in der Begegnung mit Kindern, Eltern, Lehrerinnen, Lehrern, Schulbehörden und Personen im Gesundheitswesen. Ich habe mich bewusst dazu entschieden, die praktischen Erfahrungen ins Zentrum zu stellen und auf wissenschaftlich fundierte Argumente zu verzichten. Wenn es gelingt, mit diesem Buch Lehrerinnen und Lehrern Mut zu machen, den Kindern und ihren Verhaltensweisen mit einer sensitiven Offenheit zu begegnen, ist ein großes Ziel erreicht.

2 Der Lebensatem in und um uns

Der Begriff »Lebensatem« wurde von William G. Sutherland, dem Vater der Craniosacralbehandlung, geprägt. Den »Breath of Life«, wie er es nennt, umschreibt er als mysteriöse Präsenz, die unser Leben ordnet. Franklyn Sills (2001, S. 6) spricht fast ehrfürchtig von der Handlung einer göttlichen Intention: »The best I can do is to call it the action of a divine intention.« – »Das Beste, was ich tun kann, ist, es die Handlung einer göttlichen Intention zu nennen.«

Mit der schematischen Darstellung des Lebensimpulses (Abb. 1) möchte ich aufzeigen, wie die Intention, mit der wir ins Leben gekommen sind, uns ein ganzes Leben und darüber hinausbegleitet. Sie durchdringt alle Bereiche unseres Lebens und gestaltet diese mit. Wir alle sind in der Gesundheit, in der Energie dieses Impulses entstanden. Man könnte diese Intention mit dem Satz umschreiben: »Ich will hier sein, ungeachtet des Umfeldes, in welches ich hineingeboren werde.«

Dieses tiefe, innere Wissen begleitet meine Arbeit und mein persönliches Leben. Ich versuche, es präsent zu haben, wenn ich mit Kindern und Familien zu tun habe, die sich mit einem besonders harten Schicksal auseinandersetzen müssen, z. B. mit der Erfahrung einer äußerst schwierigen Geburt. Diese Intention nimmt einen zentralen Platz ein, wenn eine Veränderung lange auf sich warten lässt oder wenn über Monate äußerlich nichts sichtbar wird. Auch wenn wir es nicht sehen, das Gesunde, der gesunde Impuls, ist immer da. Er ist wie eine Grundwelle, die von Ereignissen und Schicksalsschlägen in unserem Leben nicht betroffen ist.

Ich höre Menschen oft sagen, dass sie nicht freiwillig in diese Welt gekommen seien und nicht hier sein wollten. Das ist aufgrund bestimmter Lebenssituationen nachvollziehbar. Sie haben

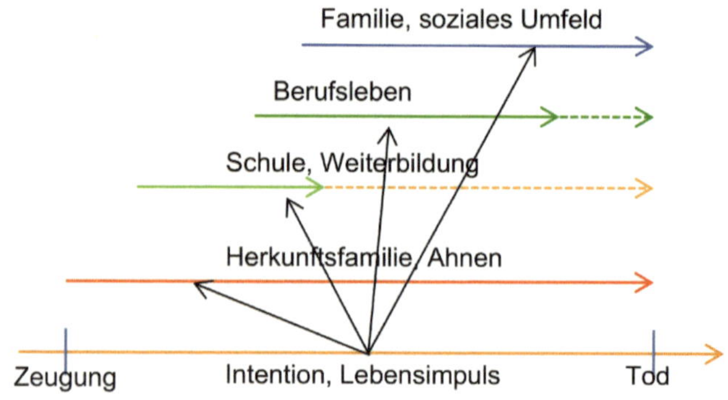

Abb. 1: Lebensimpuls im Ablauf des Lebens.

z. B. eine ungünstige Konstellation, die schon vor ihnen da war. Sie haben sich sehr früh damit identifiziert und sie zu ihrem Eigenen gemacht. Das macht es verständlicherweise schwierig, mit dem gesunden Lebensimpuls in Verbindung zu bleiben.

Gleichzeitig, durch die vielen Begegnungen mit Babys, Kindern und Erwachsenen bestärkt, bin ich der Auffassung, dass die Seele sich für das entsprechende Leben entschieden hat, egal wie die Umstände sind.

Wenn wir auf die nachfolgenden Ebenen blicken, sollten wir den Grundstrom des Lebensimpulses mit im Bewusstsein haben. Es können uns Ereignisse aus den Herkunftsfamilien von Vater und Mutter belasten und beschäftigen. Selbst Energiefelder der Ahnen können uns beeinflussen, ohne dass wir uns deren bewusst sind. Die Familie, in welcher wir heranwachsen, prägt unser Verhalten, unsere Glaubenssätze und unsere Beziehungen.

Schule und Ausbildung prägen unsere Persönlichkeit. Es sind Felder, in welchen sich frühe Themen wieder zeigen. Darauf werde ich unten ausführlicher eingehen. Im Berufsleben und in späteren sozialen Beziehungen, wie in der eigenen Familie, werden wir unsere frühen Erfahrungen wieder einbringen, ohne dass es uns möglicherweise bewusst ist.

Ich möchte die Leserinnen und Leser einladen, sich immer wieder an dieser Grundwelle des gesunden Lebensimpulses zu orientieren.

3 Übergänge – Markenzeichen des Lebens

Übergänge gehören zum Leben wie das Wachsen. Einige werden kaum wahrgenommen, weil sie sich im Verborgenen abspielen. Andere wiederum sind oft mit einem Ritual verbunden wie die Geburt eines Kindes oder der Eintritt in die Schule. Das Wesen eines Überganges ist, Bekanntes loszulassen und sich auf Neues einzulassen. Wir sind uns oft gar nicht bewusst, dass wir einen Übergang geschafft haben und uns an einem neuen Ort befinden. Wir sind von einem Ort ausgegangen und befinden uns auf dem Weg zu einem neuen, ohne zu wissen, was uns da erwartet. Wir gehen ein Wagnis ein, das von der Lebensenergie, vom Lebensimpuls getragen wird. Das Bild der Brücke könnte symbolisch den Übergang schlechthin darstellen. Es lässt offen, wohin wir kommen und was uns da erwarten wird. Es bleibt offen, ob wir auf einen blauen Himmel treffen oder uns mit den dunklen Wolken auseinandersetzen müssen. Dennoch – wir können nicht an dem Ort bleiben, wo wir gewesen sind. Es gibt kein Zurück und kein Bleiben. Vielmehr verspüren wir ein unsichtbares Drängen, das uns einlädt, über die Brücke zu gehen.

Der Weg über die Brücke.

Ulrich Schaffer beschreibt diesen Moment treffend in einem seiner Gedichte (Schaffer 1990, S. 32):

Über der staunenden Menge
lässt der Trapezkünstler die Schaukel los
und, wenn das Zeitgefühl gestimmt hat,
schnappt dann die andere Schaukel.
Das ist der Flug ins Wachstum.
...
Aber es gibt kein Wachstum, ohne zu springen,
ohne Brücken hinter sich zu verbrennen
und dann großäugig und fröstelnd
an einem neuen Ufer zu stehen.
Und doch
ohne Wachsen
ist nichts.

Wenn ich nun einige Übergänge im Leben beschreibe, spanne ich einen Bogen von ganz kleinen Übergängen zu den großen. Ich bin mir bewusst, dass es eine von vielen Sichtweisen ist. Wie oben erwähnt, ist Loslassen und Offensein allen Übergängen gemeinsam. Die Erfahrung aus dem, was wir loslassen, wird jedoch in den neuen Bereich mitgenommen und prägt diesen mit.

Unser irdisches Leben beginnt mit der *Inkarnation*, dem Augenblick, in welchem sich die Seele mit der Materie, der Ei- und Samenzelle verbindet. Drei Energiefelder verbinden sich und werden bis zum Tod nicht mehr getrennt:

- das Energiefeld der Seele des Kindes
- das Energiefeld der Eizelle (Mutter) mit ihrer Herkunft und Ahnengeschichte
- das Energiefeld der Samenzelle (Vater) mit ihrer Herkunft und Ahnengeschichte

Die Seelenenergie kommt, wie oben erwähnt, aus dem Gesunden. Wir alle sind in der Gesundheit entstanden. Diese Prägung

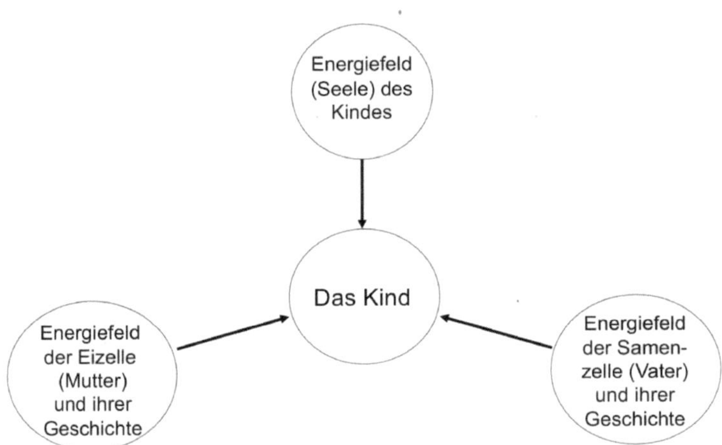

Abb. 2: Begegnung der drei Ebenen bei der Empfängnis.

tragen wir in uns, auch wenn wir sie nicht spüren oder wenn sie durch schwierige Lebenserfahrung in den Hintergrund tritt.

Der nächste, für unser Dasein wohl entscheidendste Übergang ist das *Einnisten in die Gebärmutterwand.* Seit der Zeugung haben sich die Zellen vermehrt und sind durch den Eileiter in den Uterus gewandert. Innerhalb von vier bis neun Tagen nistet sich die Blastozyste[1] in die Gebärmutterwand ein. Das geschieht meistens zu einem Zeitpunkt, in welchem die wenigsten Paare wissen, dass sie schwanger sind. Der noch winzige Embryo sagt »Ja« zum Leben und lässt sich auf eine unbekannte Umgebung ein ohne zu wissen, was auf ihn zukommen wird. Dass wir alle dies geschafft haben, ist nicht nur mutig, sondern verdient Respekt und Anerkennung. Für mich bedeutet es, dass das Leben uns einiges zutraut. Weshalb sollen wir dem nicht weiterhin trauen? In der Arbeit mit Kindern und Erwachsenen habe ich immer wieder erleben dürfen, wie die Einnistungserfahrung

[1] Der Name Blastozyste stammt aus dem Griechischen und bedeutet »Keimblase«. Aus der Blastozyste bilden sich die Keimblätter, aus denen der Embryo und spätere Fötus entsteht.

noch präsent ist. Je nach Umfeld gelingt das Einnisten leichter oder schwieriger.

BEISPIEL

Ein Junge zeigt mir im Spiel sehr deutlich, wie schwierig es für ihn war, einen guten Platz im Uterus zu finden, als seine Eltern gleichzeitig in großen Beziehungsschwierigkeiten steckten und nicht wussten, ob sie zusammenbleiben würden. Er bewegt sich mehrmals hin zur Mutter, dann wieder von ihr weg. Dabei weint er heftig und wirkt verwirrt. Es ist deutlich zu sehen, dass er zu ihr hin will. Ich bestätige ihm, dass es damals für ihn sehr schwierig gewesen sein muss, einen guten Platz zu finden, und er es schließlich doch geschafft habe. Ich sage ihm auch, wie froh seine Eltern und ich seien, dass er jetzt da sei. Seine Mama sei damals an einem unsicheren Platz gewesen. Heute sei sie entschieden da und bereit, ihn zu hören und zu unterstützen. Der Junge schaut Mama und mich eine ganze Weile mit seinen großen Augen an und kuschelt sich anschließend ganz entspannt in Mamas Schoß.

Die Entdeckung durch die Eltern kann für das Kleine ein bedeutsamer Übergang sein. Das »Ja« und die Anwesenheit des Kindes wird nun im Außen wahrgenommen und löst ganz unterschiedliche Gefühle aus. Das Kind kann schon zu Beginn seines Lebens spüren, ob es willkommen ist oder ob seine Anwesenheit als störend empfunden wird. Manche Eltern z. B. haben noch andere Pläne, sei es beruflicher oder privater Art, so dass eine Schwangerschaft als ein »Strich durch die Rechnung« empfunden werden kann. Es gibt Kinder, die dieses »Missgeschick« mit einem überangepassten Verhalten wieder gut zu machen versuchen, nicht wissend, dass es gar nicht ihre Aufgabe ist. Dass die Entdeckung einer Schwangerschaft nicht immer freudig stimmt, ist eine natürliche menschliche Reaktion. Sie wird für das kleine Wesen im Bauch der Mama kaum zu einer Belastung, wenn die Eltern ihre eigenen Themen zu sich nehmen und anerkennen, dass sie zur Schwangerschaft ja sagen, selbst wenn sie sich mit der neuen Situation schwer tun. Sie wollen das Kind behalten und setzen sich damit auseinander, einen guten gemeinsamen Weg zu finden. Selbst wenn anfänglich der Gedanke an eine Abtreibung da war, können Eltern dies nachträglich verändern. Sie anerkennen, dass sie sich neu orientieren, sich vom Abtreibungsgedanken lösen und dass das Kind damit nichts zu tun hat. Es ist die Aufgabe der Eltern, damit klar zu kommen. Indem sie sich damit konstruktiv auseinandersetzen, geben sie dem Kind Sicherheit und Vertrauen – selbst in einem Feld, das zu Beginn bedrohlich wirkte.

Ein Beispiel aus der Praxis, wie sich die Prägung rund um die Entdeckung im späteren Leben zeigen kann:

BEISPIEL

Eine junge Frau betritt meinen Raum, indem sie sich regelmäßig auf den Zehenspitzen bewegt. Es wirkt auf mich, wie wenn sie niemanden stören und unbeachtet sein möchte. Aus ihrer Schwangerschaftsgeschichte weiß ich, dass sie zwar von den Eltern erwünscht war, die Mutter aber sehr unter den Vorwürfen der Schwiegereltern litt. Sie sei nur schwanger geworden, weil sie zum Arbeiten zu bequem sei. Die Mutter bestätigte der Klientin auch, dass sie sich als Baby während der ganzen Schwangerschaft sehr ruhig verhalten habe und kaum zu spüren gewesen sei. Mit ihrem Verhalten in der therapeutischen Situation scheint die Klientin die Mutter heute noch schützen zu wollen, indem sie sich kaum hörbar bewegt.

Wenn es optimal läuft, verbindet sich bei der Entdeckung die Intention der Eltern mit derjenigen des Kindes. »Wir freuen uns auf dich und möchten dir ein Umfeld bieten, in dem du wachsen und gedeihen kannst« und »Ich will hier sein«. Doch ist mir bewusst, dass viele Eltern erst in die sich verändernden äußeren und inneren Umstände hineinwachsen müssen.

Das Entdeckungsspiel ist bei Kindern ein beliebtes Spiel. Wir kennen es als »Gugus – Dada!!« oder Kuckuck-Spiel. Die Beliebtheit ist ein Hinweis, was für eine wichtige Erfahrung die Entdeckung für Kinder war und ist, und wie belebend es nun ist, entdeckt und freudig begrüßt zu werden. Oft möchten die Kinder in diesem über längere Zeit wiederkehrenden Spiel an Sicherheit gewinnen, dass sie wirklich willkommen sind.

Die *Geburt* ist jener Übergang, bei dem wir das intrauterine Leben – das Leben in der geschützten Atmosphäre der Gebärmutter – verlassen und uns in die Welt außerhalb des Mutterleibes wagen, ohne zu wissen, was uns erwartet. Das Wachsen in der Gebärmutter ist terminiert. Wenn der Fötus reif ist, löst er die Wehen aus und schafft in Zusammenarbeit mit der Mutter, der Unterstützung des Vaters und des Begleitteams den Weg durch den Geburtskanal.

Wir alle tragen das Muster einer natürlichen Geburt in uns. Der Körper ist mit allen unterstützenden Hormonen ausgerüstet, sodass die Geburt gelingen kann. Doch längst nicht jede Geburt nimmt ihren natürlichen Verlauf. Eingriffe kommen heute leider recht häufig vor. Das können chemische oder chirurgische Interventionen sein. Zu den wichtigsten chemischen Eingriffen zählen das Verabreichen von Wehen- und Anästhesiemitteln. Die häufigsten chirurgischen Eingriffe sind der Kaiserschnitt, die Saugglockengeburt und das Öffnen der Fruchtblase. Solche Eingriffe erlebt der junge Organismus oft als überwältigend und invasiv, weil er auf Einwirkungen von außen nicht vorbereitet ist. Er schützt sich auf verschiedene Weise gegen die Überwältigung. Schutzreaktionen können sein: erstarren, nichts mehr spüren oder wahrnehmen, aus dem Körper austreten – wir nennen es dissoziieren –, aus dem Kontakt gehen oder kämpfen (Levine u. Kline 2007, S. 68ff.; Heller 2013, S. 132ff.). Damit schützt sich das Kind beim Übergang ins Leben, was sein späteres Verhalten prägen kann. Was dem Kind nämlich bei der Geburt geholfen hat, kann sich jedoch später in seinem Leben als hinderlich erweisen. Werden die Erfahrungen nicht verarbeitet und integriert, können sie z. B. in der Schule wieder in Erscheinung treten, sobald ein ähnlicher Auslöser auftaucht, der an die damalige Überflutungssituation erinnert. Es ist kein bewusstes Erinnern. Meistens reagiert der junge Mensch körperlich, mit diffusen Körperempfindungen, Gefühlen oder Stimmungen, was es schwer macht, sie einem bestimmten Ereignis zuzuordnen. Dieses wiederum kann mehrschichtig sein. So kann z. B. der Ursprung bei Kindern, die meist aus äußerem Anlass nicht mehr in die Schule gehen oder andere Verhaltensweisen zeigen, in solchen frühen Erfahrungen liegen.

Mit der Geburt ist die Umstellung vom intrauterinen Dasein zum Leben außerhalb der Gebärmutter verbunden. Die *Nabelschnur*, über die das Kind versorgt wurde, wird überflüssig. Sie kann auspulsieren und durchtrennt werden. Damit macht das Kind einen wichtigen Schritt, sich körperlich von der unmittelbaren Bezugsperson, der Mutter, zu lösen, mit der es über neun Monate innig verbunden war. Es hat das Rüstzeug sukzessive aufgebaut, um nun außerhalb des Uterus leben zu können. Gleichzeitig nimmt das Kind eine wichtige Prägung in sein Leben mit: jemand ist da, wenn ich ihn brauche. Es ist eine Erwartungshaltung, die durch die ständige Versorgung über die Nabelschnur zur Selbstverständlichkeit geworden ist. Sie wird durch die emotionale Verbindung der Eltern zum Kind während der Schwangerschaft noch verstärkt. Selbst wenn diese fehlen sollte, hat das Kind die Verbindlichkeit über die Zellen erfahren. So kann es nicht erstaunen, dass das Kind in der Begegnung mit anderen Menschen auf diese Prägung zurückgreift.

Unser Beziehungsverhalten wird nicht nur dadurch geprägt, dass wir aus einer Beziehung von zwei Menschen entstanden sind. Es gibt auch einen embryologischen Hintergrund (Rohen u. Lütien-Decroll 2011, S. 31). In einem frühen Stadium der Entwicklung treffen zwei Keimscheiben aufeinander, der Hypoblast und der Epiblast. Im Zwischenraum dieser Keimscheiben bildet sich die menschliche Keimscheibe – unser Ursprung. Wir sind demnach aus der Begegnung von zwei Keimscheiben entstanden. Verbindung gehört also zu unserem frühesten Beziehungsrepertoire.

Auf den anderen zugehen gehört zur Natur des Menschen. So gehen Kinder in Spielgruppen, im Kindergarten und in der Schule neue Beziehungen ein – in der Erwartung, dass jemand da ist und sie willkommen heißt.

Der Mensch kann nur wachsen, wenn er immer wieder Übergänge wagt und dabei erlebt, dass er sie gemeistert hat. Jedoch kann der Besuch eines Kinderhortes, einer Spielgruppe, des Kindergartens und der Schule für manche Kinder eine echte Herausforderung sein. Diese kann gemildert werden, indem die Kinder jeweils Begrüßungs- und Abschiedsrituale erleben. Das stärkt sie in ihrer Fähigkeit, loszulassen und wieder neu zu beginnen.

Die *Pubertät* bedeutet für den heranwachsenden Menschen eine große Veränderung im psychosexuellen Erleben, in den Körperwahrnehmungen und im kognitiven Bereich. Ebenso ist es eine Neuorientierung, was die Welt der Beziehungen, die berufliche Ausrichtung und die Eigenständigkeit betrifft.

Meine Erfahrungen in der Arbeit mit Jugendlichen zeigen, dass Prägungen aus der Zeit vor und während der Geburt in diesem Entwicklungsabschnitt wieder auftauchen können. Wenn zwei oder mehrere Ebenen gleichzeitig zusammenkommen, wird die Orientierung in einer neu erlebten Welt oft unübersichtlich. Deshalb kann es für die Jugendlichen wie für Außenstehende recht schwierig sein, die Ebenen zu verbinden und zu verstehen.

- Viele Ereignisse im weiteren Verlauf des Lebens kommen einem Übergang gleich. Ein Zustand, eine Konstellation ändert sich, so dass sich der junge Mensch auf eine neue Situation einstellen muss. Dazu zähle ich Schulabschluss, Lehrbeginn, Lehrabschluss, Auslandaufenthalt, erstes Verliebtsein. Es sind Übergänge, die mit einer Absicht, mit einer Intention verbunden sind. Bewusst oder unbewusst steuert der Mensch darauf zu. In anderen Situationen wiederum hat er meistens keine Wahl, sondern muss sich mit Übergängen auseinandersetzen, auf die er nicht vorbereitet wurde. Solche Momente können Geburten von Geschwistern, Tod im Bekanntenkreis, Trennung der Eltern, u. a. sein.

Übergänge im Erwachsenenalter sind zahlreich. Ich erwähne einige davon:

- Heirat,
- vom Paar zur Familie,
- Auszug der Kinder,

- Trennung eines Paares,
- berufliche Veränderung,
- Kündigung am Arbeitsplatz,
- unerwartete Krankheiten oder Unfälle,
- Todesfälle in der Familie.

Oft ähnelt die Art und Weise, wie solche Übergänge erlebt werden, denen früherer Prägungen. Sie alle können Auslöser sein, ganz frühe Erfahrungen von Übergängen wieder aufleben zu lassen.

4 Kindergarten und Schule im Spiegel frühester Erfahrungen

4.1 Kinder lieben das Zusammensein mit anderen

Wie ich bereits oben erwähnt habe, zeigen sich Kinder grundsätzlich offen und gehen auf andere Menschen zu, so auch in der Schule. Sie wollen mit anderen Kindern zusammen sein. Wenn also ein Kind nicht mehr in die Schule gehen will oder Schwierigkeiten in der Klasse zeigt, liegen die Ursachen selten bei ihm allein. Es weist mit seinem Verhalten auf etwas hin, das meistens auf einer anderen Ebene liegt. Welche Ebenen eine Rolle spielen können, zeigt die nachfolgende Abbildung:

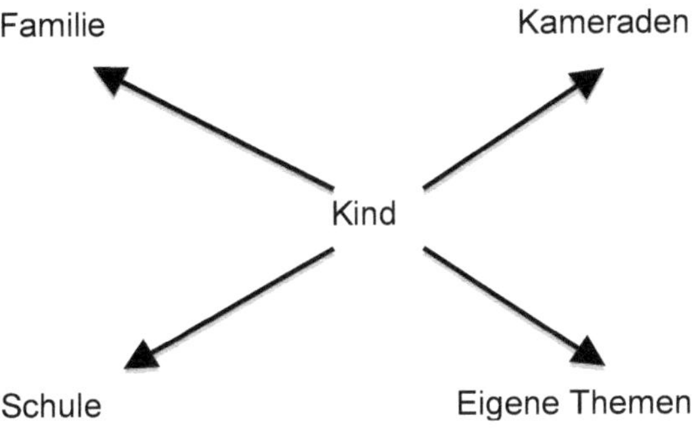

Abb. 3: Beziehungsebenen im schulischen Umfeld.

Dabei können innerhalb der einzelnen Felder ganz verschiedene spezifische Themen auftauchen, die zunächst im Verborgenen liegen.

Geht ein Kind z. B. nicht mehr in die Schule, müssen wir uns primär mit folgenden Fragen auseinandersetzen:

- Was möchte das Kind mit seinem Fernbleiben mitteilen?
- Was braucht das Kind, damit es sich sicher fühlen kann?
- Was braucht das Kind, damit es von sich aus wieder in die Schule geht?

Somit geht es meines Erachtens nicht darum, das Kind möglichst schnell wieder in die Schule zu bewegen. Das würde nur Druck auf allen Ebenen erzeugen, beim Kind, bei den Eltern und in der Schule. Ein sorgfältiges Eruieren und entsprechendes Handeln lohnt sich vor allem deshalb, weil damit Rückfälle vermieden werden können. Meine Erfahrung zeigt, dass Kinder dann wieder in die Schule gehen, wenn das Feld bereinigt, die Hindernisse beseitigt, Sicherheit und Schutz vorhanden sind, Beziehungen tragfähig sind und vor allem der eigene Impuls wieder entdeckt worden ist. Oft scheint es, dass sie intuitiv spüren, wann der Zeitpunkt gekommen ist, wieder in die Schule zu gehen. Ein Erstklässler drückte es in den Sitzungen wiederholt so aus: »Mama, eines Tages gehe ich wieder in die Schule.« Wir werden diesem Kind später nochmals begegnen.

4.2 Die Lehrperson in der Mutter-/Vater-Übertragung des Kindes

Während der Schwangerschaft ist die Mutter dem Kind am nächsten. Es ist eine sehr enge Verbindung, die nur noch von der Zwillingsbeziehung übertroffen wird. Über die Nabelschnur nimmt das Kind Nahrung auf, die für seine körperliche, seelische und geistige Entwicklung notwendig ist. Ebenso gibt es Stoffe ab, die es nicht mehr benötigt. Es ist ein Austauschprozess. Das Kind kann sich naturgegeben auf die Mutter als Bezugsperson verlassen und lebt mit ihr in einer biologischen Einheit. Es lernt und erfährt *Verbindlichkeit und Verlässlichkeit*. Selbst wenn der Vater dem Kind körperlich nicht so nahe sein kann, heißt er es willkommen, umsorgt, schützt und begleitet es ins Leben.

Diese Erfahrung bestimmt das spätere Beziehungsverhalten des Kindes. Es sind Erwachsene, die Halt und Sicherheit geben. Das Kind verlässt sich darauf, dass nach der Geburt jemand da ist. Es braucht Menschen um sich, die es sehen, hören und auf seine Bedürfnisse eingehen. So ist es naheliegend, dass das Kind die Erfahrung mit seinen Eltern nach der Geburt auf andere Bezugspersonen überträgt. Besonders wenn es spürt, dass die andere Person es willkommen heißt, wird es sich auf diese Beziehung einlassen. Zu diesen Personen gehören nebst dem familiären Bekanntenkreis Spielgruppenleiterinnen, Kindergärtnerinnen und Lehrpersonen. Das Kind wendet sich ihnen zu und erwartet, dass es so gesehen wird, wie es ist. Es möchte willkommen sein. Diese Erfahrung ist meines Erachtens der Boden für erfolgreiches Gedeihen, Wachsen und Lernen. Das Kind spürt sehr schnell, ob es mit seiner Art bedingungslos willkommen ist.

BEISPIEL

Anna[1] *besucht die dritte Klasse und muss, weil die Familie umzieht, nach den Frühlingsferien in ein neues Schulhaus zur Schule gehen. Sie ist eine mittelmäßige Schülerin und hat oft Angst zu versagen. Die bisherige Lehrerin nahm dieses Gefühl ernst und konnte das Mädchen mit viel Geschick unterstützen. Der neue Lehrer schickt dem Mädchen, das er persönlich noch nicht kennt, zur Begrüßung einen Brief mit Bildern von ihm und der neuen Klasse. Gleichzeitig stellt er zusammen, was die Klasse in welchen Fächern schon erarbeitet hat. Das tut er in einer guten, vorbereitenden Absicht. Als Anna die Liste zu Gesicht bekommt, sagt sie zur Mutter: »Das schaffe ich nie!« Mit sehr gemischten Gefühlen geht sie am ersten Tag nach den Ferien in die Schule und zeigt sich verständlicherweise sehr zurückhaltend und abwartend. Wie der schulische Alltag um sich greift, verliert das Mädchen das Selbstvertrauen immer mehr. Der Lehrer unterstützt Anna gut meinend mit Lernprogrammen auf CDs, indem er ihr sagt: »Du kannst damit spielen, üben ist aber nicht verboten.« Zur Angst des Mädchens meint er: »Du brauchst keine Angst zu haben, aber Herzklopfen ist manchmal schon gut.« Diese Äußerungen mögen aus der Sicht des Lehrers gut ge-*

---

[1] Die Namen in allen Beispielen sind geändert.

meint sein. Anna wird aber durch die Doppelbotschaften eher verwirrt und noch mehr verunsichert, weil sie die verlangten Leistungen nicht zu erbringen glaubt. Nach zwei Wochen geht sie nicht mehr in die Schule. Sie meidet auch Fächer wie Turnen und Textiles Werken, die bisher ihre Ressourcen waren. Das Mädchen spürt offensichtlich, dass es nur dann wirklich willkommen ist, wenn es die entsprechende Leistung erbringt. Im Gespräch kann der Lehrer nicht sehen, dass seine wohlgemeinte Absicht bei Anna anders angekommen ist. So ist er nicht bereit, seinen Anteil etwa mit folgenden Worten anzuerkennen: »Es tut mir leid, dass meine Absicht bei dir anders angekommen ist. Ich wollte dir helfen, den Einstieg zu erleichtern, habe aber offenbar das Gegenteil bewirkt. Wie kann ich dich unterstützen, damit du dich in meiner Klasse wohl fühlen kannst?« Da Anna leistungsmäßig zurückfällt und der Lehrer sie nicht wirklich unterstützend begleiten kann, wird sie in die zweite Klasse zurückversetzt. Sie hatte in Gesprächen mit den Eltern bereits selbst von dieser Möglichkeit gesprochen. Im Gespräch mit der neuen Lehrerin empfehle ich, nichts Spezielles zu unternehmen. Es genügt, wenn sie Anna einfach ein bedingungsloses Willkommen schenkt. Das nimmt der Lehrerin den Druck weg, bestimmte Erwartungen erfüllen zu müssen. Als ich drei Wochen später nachfrage, bestätigt mir die Lehrerin, dass sich Anna sehr gut in die Klasse integriert habe, sich wohl fühle und schulisch gut zu folgen vermöge. Die Angst vor dem Versagen tauche noch ab und zu auf. Doch sie, die Lehrerin, könne das Kind darauf ansprechen, und dann gehe Anna die Anforderungen viel gelassener an.

Meine Gedanken dazu: Jede Lehrperson möchte die Kinder bedingungslos willkommen heißen. Dabei begegnet sie unbewusst ihren persönlichen Erfahrungen als Kind in der Beziehung zu ihren Eltern und als Schüler in der Beziehung zu den damaligen Lehrkräften. Solche Erfahrungen können beglückend oder schmerzvoll gewesen sein. Kinder werden häufig von einer Lehrperson abgelehnt oder falsch verstanden, weil deren eigene seelische Verletzungen berührt werden. Meistens ist es ein unbewusster Prozess. Obwohl Lehrkräfte spüren, dass etwas nicht stimmt, finden sie oft keinen Weg aus diesem Dilemma. Häufig bringt externe Unterstützung Licht ins Dunkel und damit eine wirksame Veränderung.

So wie die Eltern können auch die Lehrkräfte das Kind willkommen heißen. Es sind Gedanken oder ausgesprochene Sätze, welche die Beziehung zum Schüler nähren und unterstützen und die Lehrkraft innerlich begleiten. Solche Sätze könnten in etwa sein:

- Ich heiße dich willkommen und will dich sehen und hören.
- Ich bin für dich da, wenn du mich brauchst.
- Ich schätze dich als Menschen, ungeachtet deiner Leistung.
- Manchmal sage ich dir »nein« und setze dir Grenzen, gerade weil du wertvoll bist.
- Du brauchst keine Angst zu haben.
- Du kannst auf mich zählen und mir vertrauen.
- Ich habe Vertrauen in dich. Du schaffst es.
- Ich will deinem Frauwerden / Mannwerden mit Achtung begegnen und dich schützen.

Ich habe diese Gedanken den »Guten Elternbotschaften« von Jack Lee Rosenberg (2011, S. 39) entnommen und entsprechend angepasst. Sie können beliebig erweitert werden. Es sind Sätze, die von innen kommen und nicht im Kopf entstanden sind. Wenn es der Lehrkraft gelingt, das Kind in sich ankommen zu lassen, entwickelt sich eine wohlwollende Atmosphäre. Die oben erwähnten eigenen Erfahrungen spielen dabei eine bedeutende Rolle.

Diese »guten Lehrerbotschaften« anerkennen und wertschätzen nicht nur das Kind, sondern auch die Lehrperson selbst. Innerhalb des Erziehungs- und Bildungsauftrages entsteht eine partnerschaftliche Ebene mit klaren Grenzen.

4.3 Das Klassenzimmer – »Gebärmutter« während einer wichtigen Zeit in der Entwicklung des Kindes

In den nun folgenden Ausführungen berühre ich verschiedene Aspekte, was ein Klassenzimmer für das Kind bedeuten kann. Es ist lediglich ein Berühren mit der Absicht, der Leserin, dem Leser die Vielfalt von Aspekten aufzuzeigen und Interesse zu wecken für das persönliche Empfinden, welches Kinder in diesem Zusammenhang zeigen können. Meine Gedanken sind nicht abschließend. Sie möchten jedoch den Fächer öffnen für ein Bewusstsein, was es für Kinder heißen kann, in einem Klassenzimmer zu sitzen. Jedes Kind erlebt es anders und somit kann der eine oder andere Bereich im Mittelpunkt sein. Was für ein Kind von großer Bedeutung ist, kann für ein anderes Kind belanglos sein.

Ort der Geborgenheit

Es gehört zum angeborenen Impuls jedes Kindes, die Welt zu entdecken und zu erforschen. Sie suchen *Orte der Sicherheit*, der Geborgenheit, des Schutzes, um sich von da aus auf den Weg ins Leben zu machen. So kann es nicht erstaunen, dass Kinder dieses Bedürfnis auch in der Schule zeigen. Sie möchten sich von Zeit zu Zeit an einen Ort der Geborgenheit und Sicherheit zurückziehen können. Wie das Klassenzimmer gestaltet ist und wo es sich befindet, kann für einzelne Kinder entscheidend sein. Bei den Erst- und Zweitklässlern habe ich in den vergangenen Jahren immer wieder eine Beobachtung gemacht, die mich erstaunen lässt. Kinder dieses Alters und die jüngeren Kinder im Kindergarten lieben ein bodennahes Klassenzimmer. So sind sie nahe an der Natur und »Mutter« Erde, was in ihnen das Gefühl von Sicherheit und Schutz stärkt. Es ist daher sinnvoll, wenn sich die Zimmer der ersten Klassen im Erdgeschoss eines Schulhauses befinden. Es gibt Kinder, die sich dadurch schneller wohl fühlen.

Ort des Wohlfühlens

Die *Gestaltung des Klassenzimmers* ist ebenfalls bedeutend, damit sich Kinder wohl, sicher und geborgen fühlen. So könnte in jedem Zimmer eine Nische hergerichtet werden, wohin sich ein Kind zurückziehen darf, wenn es ihm zu viel wird, wenn es Momente der Ruhe braucht, wenn es sich körperlich oder seelisch unwohl fühlt. Es gibt Kinder, die diese Ressource von Zeit zu Zeit nutzen möchten, um mit neuer Kraft in der Gemeinschaft wieder mitmachen zu können. Es ist wesentlich, dass dieser Raum innerhalb des Klassenzimmers ist, damit die Verbindung zwischen Kind und Lehrperson auch bei einem vorübergehenden Rückzug bestehen bleibt. Auf diese Weise erlebt das Kind, dass es im Kontakt bleiben kann und mit seinen momentanen Gefühlen willkommen ist. Würde nämlich der Kontakt zur Lehrkraft und zur Klasse unterbrochen, könnte das Kind sich alleingelassen und einsam fühlen. Dadurch würde es schwierig, innerlich wirklich zur Ruhe zu kommen.

Ein Rückzugsort sollte zur Standardausstattung jedes Klassenzimmers gehören und mit den Schülern gestaltet werden. Das könnten sie äußerlich wie auch innerlich tun. Damit meine ich, dass die Kinder bei der Erarbeitung der Spielregeln und Grenzen mitdenken und mithandeln, wobei die Lehrperson verantwortlich ist, dass die Grenzen eingehalten werden.

Lehrpersonen haben oft Bedenken, Kinder würden die Möglichkeit des Rückzugs ausnützen. Es geht jedoch darum, dass sie wieder auftanken und neue Motivation aufbauen können. Die Befürchtungen der Lehrkräfte werden relativiert, wenn wir uns in Erinnerung rufen, wie gerne Kinder in einer Gemeinschaft sein wollen. Wenn das Klassenklima gut, die Kommunikation untereinander tragend und die Beziehungen stimmig sind, werden Kinder sich bald wieder in die Gemeinschaft integrieren. Manchmal müssen sie erst bei sich selbst ankommen. Das bedeutet, dass die Kinder erst herunterfahren und das Nervensystem beruhigen, damit sie sich spüren können. Die Umgebung schafft das notwendige Klima, das ihnen Ansporn sein wird, sich in der Gruppe wieder einzufinden.

Ort des Entdeckens

Das Klassenzimmer ist zudem ein Ort, an dem das Kind *entdeckt werden* möchte. Wir kennen das »Gugus-Dada-Spiel« oder das Kuckuck-Spiel bei den kleinen Kindern. Sie verstecken sich und warten darauf entdeckt zu werden. Es ist ein Spiel, das an die Zeit während der Schwangerschaft anknüpft, als das Kind von den Eltern entdeckt wurde. Während das Einnisten ein Weg nach innen ist, bedeutet das Entdecktwerden ein Öffnen nach außen.

Solche Prozesse wiederholen sich im Klassenzimmer. Das Kind möchte gesehen und in seinen Fähigkeiten und Qualitäten entdeckt werden. Ein echtes Anerkennen dessen, wie die Lehrperson das Kind in seinem ganzen Wesen erlebt, stärkt Selbstvertrauen und Selbstsicherheit.

Es ist nur allzu menschlich, dass Eltern im ersten Moment des Entdeckens der Schwangerschaft erstaunt, überrascht oder ablehnend reagieren. Eltern, wie auch Lehrkräfte, brauchen Zeit, in das Willkommenheißen hineinzuwachsen und ein Kind bedingungslos anzunehmen. Wir alle brauchen Zeit, andere Menschen gern zu bekommen und sie zu mögen.

Ein Kind kann mit seinen Verhaltensweisen oder seinem Aussehen eine Lehrkraft auf verschiedenen Ebenen in ihrer eigenen Persönlichkeit berühren, was meistens unbewusst geschieht. Wenn sich eine Lehrperson immer wieder an ähnlichen Dingen stößt, könnte es durchaus ein Hinweis sein, dass sie einem blinden Fleck begegnet. Dies kann mit schwierigen und vielleicht auch schmerzhaften Eigenerfahrungen als Kind in Familie und Schule zu tun haben. Werden solche Verknüpfungen nicht erkannt, kann es geschehen, dass eine Lehrkraft diese unangenehme Erfahrung beim Kind bekämpft. Mit Unterstützung einer externen Fachkraft, wie wir es aus der Supervision kennen, oder in der Intervision kann die Pädagogin / der Pädagoge die eigenen Teile erkennen, bearbeiten und integrieren. Dadurch entsteht für die Lehrkraft und das betreffende Kind eine Win-Win-Situation, und die Beziehung wird gestärkt.

Ort von Sicherheit und Schutz

Die *Sicherheit im Klassenzimmer* hängt wesentlich davon ab, wie die Lehrperson ihre Klasse schützt. Kommt z. B. eine andere Lehrperson ins Zimmer ohne anzuklopfen, könnten Kinder erschrecken und unbewusst an frühe überfallsähnliche Ereignisse während der Schwangerschaft erinnert werden. Daran denke ich besonders bei den sogenannten ADHS[2]-Kindern. Diese Kinder überwachen den Raum und reagieren auf feinste Geräusche oder kleinste Veränderungen. Es sind Kinder, die möglicherweise während der Schwangerschaft vielen Stress- und Störmomenten ausgesetzt waren. Dazu gehören u. a. Ultraschalluntersuchungen, Fruchtwasserpunktion, Stress und Hektik im familiären System und unerwartete Schockerlebnisse.

Gleichzeitig, wie ich bereits früher erwähnt habe, dürfen wir nicht von Wenn-dann-Kausalität ausgehen. Mit anderen Worten: Trotz schwierigen früheren Erfahrungen können Störfaktoren vielen Kindern nichts anhaben.

BEISPIEL

Der neun Jahre alte Lars bringt die Lehrerin fast zur Verzweiflung, weil er regelmäßig seinen Arbeitsplatz verlässt, sobald er das Geräusch eines Zuges wahrnimmt. Das Schulhaus liegt an einer stark befahrenen Bahnlinie. Jegliches Strafen und Ermahnen bringt nichts. Im Verhalten des Jungen spüre ich eine große Verunsicherung. Aus seiner Geschichte weiß ich, dass er während der Schwangerschaft viele Ultraschalluntersuchungen über sich ergehen lassen musste. Die Schwangerschaft war als Risikoschwangerschaft eingestuft, weshalb auch die Mutter diesen Untersuchungen zustimmte. Sie sorgte sich sehr um das Wohlergehen des Kindes. Sie konnte das Kind in ihrem Bauch weder schützen, noch auf diese Untersuchungen vorbereiten.

---

[2] ADHS = Aufmerksamkeitsdefizit-Hyperaktivitätsstörung (attention deficit hyperactivity disorder). Früher wurde in der Schweiz der Begriff POS (= Psychoorganisches Syndrom) verwendet.

Ich rate der Lehrerin, dem Kind ungefähr Folgendes mitzuteilen. »Du bist sehr aufmerksam und passt genau auf, wenn du Geräusche von draußen hörst. Geräusche von draußen scheinen dich zu verunsichern, besonders wenn ein Zug vorbeifährt. Ich weiß, dass der Zug nicht ins Zimmer kommt. Wenn du nicht sicher bist, darfst du jeweils ans Fenster gehen und den vorbeifahrenden Zug beobachten. Ich würde nie erlauben, dass der Zug in diesen Raum kommt. Ich will, dass du dich in diesem Zimmer sicher fühlst.«

Ein paar Wochen später erkundige ich mich bei der Lehrerin, wie es ihr und dem Jungen gehe. Sie erzählt mir erleichtert, dass der Junge nun an seinem Platz weiterarbeite, selbst wenn Züge vorbeifahren. Er habe schon nach einer Woche seinen Platz kaum mehr verlassen.

Durch die Erfahrung, dass er sich immer wieder vergewissern kann, spürt Lars, dass er in diesem Raum sicher ist. Wir werden ihm nochmals in einem anderen Zusammenhang begegnen.

Ort des Einnistens

Die *Wahl des Platzes* kann im Klassenzimmer auch eine entscheidende Rolle spielen. Besonders Kinder mit Aufmerksamkeits- und Hyperaktivitätsproblemen (ADHS-Kinder) brauchen einen guten Halt. Große Fensterfronten z. B. können beitragen, dass sie sich in der Umgebung verlieren. Ihr Wachsamkeitssystem wird besonders herausgefordert, was auch eine erhöhte Ablenkbarkeit zur Folge haben kann. Bei der Platzwahl muss beachtet werden, dass die Verbindung zwischen der Lehrperson und dem Kind bestehen bleibt. Es ist häufig üblich, leicht ablenkbare Kinder in eine Ecke oder hinten ins Klassenzimmer zu setzen – im Glauben, die Störfaktoren würden sich dort am wenigsten auswirken. Spürt das Kind jedoch die Verbindung nicht mehr, kann es schneller aktiviert werden und sich nur mit Mühe auf seine Arbeit konzentrieren. Jedes Kind braucht einen Platz, an dem es sich wohl fühlt und die Verbindung zur Lehrperson und zu den anderen Kindern spürt.

Ort der Entfaltung

Das Klassenzimmer ist ein Ort des *Nährens*. Entdeckungs- und Experimentierfreude bringen die meisten Kinder bei der Geburt mit. Jaap van der Wal[3] erwähnt, dass der Embryo in der Schwangerschaft Dinge übt, die er später nach der Geburt verwenden kann. »Körperliche Funktionen, physiologische Funktionen, psychologische Funktionen werden als Wachstumsgeste, als wachsende Bewegung ›vorausgeübt‹.« (van der Wal 2005, S. 8). Dabei bezieht er sich auf Erich Blechschmidts Aussagen: »Was nicht schon vor der Geburt durch die Entwicklung gleichsam ›eingeübt‹ wurde, kann nach der Geburt nicht weiterentwickelt und dann allmählich ›ausgeübt‹ werden.« (2008, S. 118)

Nach der Geburt verfeinert das Kind seine Fertigkeiten und ist hoch motiviert, sie immer mehr auszudifferenzieren. Das Wissen um die früh angelegte Motivation, das Leben zu entdecken, könnte ein besonderer Anreiz für Spielgruppen, Kindergärten und Schulen sein, dieses Bestreben gezielt zu unterstützen.

Förderprogramme bei gesund entwickelten Babys und Kindern sind eher eine Belastung für die Kinder, als dass sie wirklich hilfreich sind. Häufig steckt die Angst der Erwachsenen dahinter, ihr Kind könnte später in der Leistungsgesellschaft versagen. Bereits ganz kleine Kinder zeigen Impulse, wie sie mit ihrem Körper und mit der Umgebung umgehen. Diese kommen im Sinne von Jaap van der Wal von innen und brauchen oft nur verstärkt zu werden. Wir dürfen davon ausgehen, dass uns Kinder darauf aufmerksam machen, wenn sie etwas brauchen. Es liegt an den Eltern und Lehrpersonen, dass sie hellhörig sind und die Zeichen der Kinder wahrnehmen.

---

[3] Jaap van der Wal war bis 2012 Professor für Anatomie und Embryologie an der Universität Maastricht. Seit seiner Pensionierung befasst er sich mit dem Embryo in Bewegung und der Embryosophie (www.embryo.nl). Er schlägt eine Brücke zwischen Spiritueller Wissenschaft und Naturwissenschaft.

BEISPIEL

Die fünf Monate alte Alina sitzt vergnügt neben ihrer Mama, die ihr den Rücken stützt. Im Spiel klatscht sie mit der Hand auf den Teppich. Ich spiegle ihren Impuls, indem ich mit meiner Hand auch auf den Teppich klatsche. Alina sucht nach dem Geräusch und blickt zu mir. Sie beobachtet, was ich tue, hält eine Weile in ihrem Tun inne und klatscht dann erneut mit ihrer Hand auf den Teppich. Diesmal schaut sie jedoch zu mir und wartet ab, was ich tue. Über das Klatschen hat sie mit mir Verbindung aufgenommen. Ich wiederhole das Klatschen, was ihr sofort ein Lächeln entlockt. So spielen wir eine Weile in gegenseitiger Verbindung. Dabei verändert Alina die Art und Weise des Klatschens, was ich in gleicher Weise spiegle. Bei der nächsten Sitzung holt Alina sofort dieses Spiel aus der Erinnerung, und wir schwingen in ein wortloses Kommunizieren und Verstehen ein.

Wenn Bedürfnisse von außen an das Kind herangetragen werden, besteht die Gefahr, dass es sich schnell daran orientiert und seinen eigenen Impuls zurückstellt. Es lernt zu warten, bis etwas von außen kommt. Es gewöhnt sich daran, von anderen »gefüttert« zu werden. Es verliert die Motivation, sich selbst zu engagieren. Eltern wundern sich, wenn ihr Kind keinen Antrieb und keine Lust zeigt, sich selbst zu beschäftigen. Das wiederum kann die erwähnte Angst der Eltern verstärken.

In Wirklichkeit müsste die Nahrung darin bestehen, das Kind in seinen Impulsen zu unterstützen und es dadurch in der Eigenmotivation zu bestärken. Auf diese Weise kann es sich seinen Möglichkeiten entsprechend *entwickeln* und *entfalten*. Wird es in seinen Impulsen unterstützt, findet es besser zu sich selbst und ist offen für neue Erfahrungen. Es wird dadurch weltoffen und kooperativ und genießt das Lernen in der Gemeinschaft mit anderen Kindern.

Ort des Übergangs

Das Klassenzimmer ist ein Ort, von dem aus sich die Kinder auf Neues zubewegen. Es ist ein *Ort des Überganges*, wie ich in

Kapitel 3 beschrieben habe. Dass Kinder nach einer bestimmten Zeit von Bekanntem Abschied nehmen und sich auf Neues einlassen müssen, gehört zum schulischen Alltag. Es wird oft zu wenig bedacht, was es für sie bedeutet. Viele Kinder sind traurig, wenn sie sich von einer liebgewordenen Person trennen müssen. Das ist eine natürliche Reaktion. Es gibt Kinder, die diese Trauer nicht so offen, sondern in verschlüsselten Verhaltensweisen zeigen. Dazu gehören aggressives Verhalten anderen Kindern gegenüber, Rückzug aus Beziehungen oder auffallend kleinkindliches Benehmen, um nur einige zu nennen. Gerade in solchen Momenten brauchen Kinder Lehrkräfte, die ihre Gefühle achtsam begleiten und ihre Verlusterfahrungen anerkennen.

Das Gefühl von Verlassenheit kann beim Wechsel von einer Klasse in eine andere oder vom Kindergarten in die Schule aktuell werden. Es kann durchaus vorkommen, dass Kinder dabei übermäßige Gefühlsreaktionen zeigen, was ein Hinweis auf frühere bedrohliche Erfahrungen sein könnte. Wenn z. B. während der Schwangerschaft einer der Zwillinge wieder geht, erfährt das überlebende Kind einen Verlust. Die Erinnerung daran ist in den Zellen gespeichert und somit auch die Angst vor einer möglichen Wiederholung dieses frühen Erlebnisses. Anstelle von logischen Argumenten lohnt es sich, Kindern in der Vorbereitung auf den Übergang Raum und Zeit zu geben und ihre Gefühle anzuerkennen. Das kann auch in der neuen Klasse notwendig sein, bis die Kinder »angekommen« sind.

Um ähnliche Gefühle geht es, wenn eine Aushilfe die Klasse führt, weil die Hauptlehrkraft unerwartet ausfällt. Es lohnt sich wirklich, dass die Aushilfsperson ihr eigenes Befinden benennt, wie vielleicht Nervosität, Überraschung, Angst, Freude. Somit gibt sie den Kindern ein gutes Beispiel, wie Empfindungen mitgeteilt werden können. Einige Kinder könnten sich durch den überraschenden Wechsel überfallen, andere verloren fühlen. Dies gilt es zu bedenken.

5 Pädagogische Themen auf dem Hintergrund von Schwangerschaft und Geburt

In den folgenden Abschnitten möchte ich von praktischen Erfahrungen mit frühen Themen und deren Auswirkungen auf die Schule berichten. Ich bin mir bewusst, dass es nur ein kleines Fenster ist, das ich öffnen kann. Dennoch verbinde ich die Hoffnung, dass wir den Sichtwinkel vergrößern und noch mehr über die verschiedensten Verbindungen zwischen frühen Erfahrungen und den Phänomenen im schulischen Alltag lernen. Die veränderte Sichtweise kann grundsätzlich ein wertvoller Beitrag zum Wohle der Kinder, der Lehrkräfte und der Schule als pädagogische Institution sein.

Ich möchte jedoch betonen, dass es hinsichtlich der Auswirkung einer chemischen oder chirurgischen Erfahrung während Schwangerschaft und/oder Geburt auf das spätere Leben des Kindes keine »Wenn-dann-Beziehung« gibt. Nicht jedes Kind mit einer gleichen oder ähnlichen Erfahrung reagiert auf dieselbe Art und Weise. Wir können lediglich Tendenzen feststellen. Ich traue den Leserinnen und Lesern zu, dass sie mit genügend Differenzierung und Achtsamkeit die kommenden Ausführungen aufnehmen.

5.1 Meine Arbeit mit Kindern und Familien

Zunächst möchte ich aufzeigen, wie ich mit Kindern und Familien arbeite. Da ich hauptsächlich mit Themen der Schwangerschaft und Geburt zu tun habe, sind in den Sitzungen jeweils das Kind mit einem oder beiden Elternteilen anwesend. Ich finde diese gemeinsamen Sitzungen gerade deshalb so wertvoll, weil sie einen direkten Zugang zum Geschehen von damals ermöglichen. Zeugung, Schwangerschaft und Geburt sind gemeinsame

Erfahrungen von Eltern und Kind. Sind beide oder ein Elternteil anwesend, können wir direkt auf die frühen Geschehnisse eingehen. Das Kind erfährt, wie seine Eltern mit dem Ereignis umgegangen sind, mit welchen Gefühlen sie sich auseinandergesetzt haben und wie sie heute die damalige Erfahrung anerkennen. Allein dieses Anerkennen allein kann bei allen Beteiligten eine große Entspannung bewirken.

BEISPIEL

Eine Mutter erzählt ihrem zehn Jahre alten Sohn mit bewegter Stimme, wie es ihr bei der Kaiserschnittgeburt ergangen ist: »Ich hätte dich so gerne auf natürlichem Weg geboren. Ich habe mich sehr auf dich und die Geburt gefreut. Doch als es für das medizinische Team nicht im erwarteten Zeitrahmen voranging und das Abfallen deiner Herztöne zu Besorgnis Anlass gab, wurde mir mitgeteilt, dass ein Kaiserschnitt unumgänglich werde. Ich fühlte mich total überfallen, weil ich nie damit gerechnet hatte. Ich war so mit dieser Nachricht beschäftigt, dass ich sogar den Kontakt zu dir verlor. Das tut mir heute sehr leid. Die Periduralanästhesie hatte dann endgültig bewirkt, dass ich dich tatsächlich nicht mehr spürte. Auch ich fühlte mich verlassen und konnte dich nicht schützen. Dein Papa konnte es auch nicht, obwohl er dabei war. Ich ließ alles über mich ergehen und wusste nicht, wie mir wirklich geschah. Dann durfte ich dich kurz in meine Arme nehmen, bevor sie dich zur Untersuchung wegbrachten. Ich war einfach nur froh, dass du da warst und es dir entsprechend gut ging. Mir tut es leid, dass wir den natürlichen Weg nicht gemeinsam erleben konnten. Dennoch bin ich froh, dass du es auf diesem Weg geschafft hast und dass du da bist.« Der Junge sitzt bei der Mama und hört ihr aufmerksam zu. Er schaut sie immer wieder an, legt sich gegen Ende ihrer Schilderung an ihre Brust und kuschelt sich entspannt ein.

Wenn Eltern ihrem Kind von ihren Erlebnissen erzählen, ist es wichtig, dass sie es nicht aus dem Kopf oder wie ein Programm gestalten. Die Worte sollen von innen, aus dem Herzen kommen.

Dadurch werden das Mitgefühl und die Offenheit beim Zuhörer verstärkt.

Zur Vorbereitung auf die Sitzung und Vertiefung der Begleitung erhalten die Eltern einen Fragebogen zu Schwangerschaft und Geburt des Kindes und zu ihrer eigenen frühen Geschichte. Über die Fragen setzen sich die Eltern nochmals intensiv mit den damaligen Erfahrungen auseinander. Es kommt nicht selten vor, dass sie das Erlebte aus einer anderen Perspektive betrachten und dabei bisher nicht so bewusst wahrgenommene Elemente entdecken. Manchmal tauchen bisher verborgene Gefühle auf, die einen Hinweis geben können, inwieweit die frühe Erfahrung verarbeitet werden konnte.

Die Leserin, der Leser mag sich fragen, weshalb die Schwangerschafts- und Geburtsgeschichte der Eltern von Bedeutung sein soll. Dazu mache ich einen kleinen Exkurs in die Embryologie und frühe Entwicklungsgeschichte.

Wir wissen, dass ein fünf Monate alter weiblicher Fötus im Bauch seiner Mutter bereits alle Eizellen zur Verfügung hat. Es sind ca. 6 Millionen an der Zahl, die bis zur Geburt auf ca. 400 000 bis 500 000 abnehmen (Mändle, Opitz-Kreuzer u. Wehling 2007, S. 61), wobei die Berechnungen der Autoren unterschiedlich ausfallen. Bei der Geschlechtsreife sind immer noch ca. 20 000 Eizellen vorhanden. Bisher ist man davon ausgegangen, dass Frauen keine neuen Eizellen produzieren können. Diese Annahme haben jedoch amerikanische Wissenschaftler[1] widerlegt, indem sie nachgewiesen haben, dass es möglich ist, auch im späteren Leben noch Eizellen zu produzieren. Dessen ungeachtet ist es wesentlich, eine Vorstellung dessen zu bekommen, in welchem Umfeld beide Eltern entstanden, zur Welt gekommen und aufgewachsen sind. Diese frühen Erfahrungen prägen die pädagogischen Grundsätze der Eltern und ihre Einstellung dem eigenen Kind gegenüber. Nicht selten sind Verbindungen zwischen den Erfahrungen des Kindes, das mit den Eltern zu mir kommt, und denjenigen seiner Eltern sichtbar. Die-

[1] Bericht der *Süddeutschen Zeitung* vom 28. Februar 2012: »Vorrat an Eizellen doch nicht begrenzt?«

sen Umstand erlebe ich auch, wenn ich Gruppen mit Erwachsenen zur Integration prä- und perinataler Erfahrungen leite. Oft zeigt sich, dass z. B. die Angst, die eine Person beschäftigt, schon in der Familie der Mutter oder des Vaters da war, bevor sie selbst entstanden ist. Das energetische Feld, das durch unverarbeitete traumatische Erfahrungen in einer Familie aufgebaut wurde, haben auch die Kinder mitbekommen und sind darin aufgewachsen. So können Kinder mit ihrem Verhalten auf solch frühe Ereignisse hinweisen, obwohl sie nicht direkt damit zu tun hatten.

Im Fragebogen wird die Frage nach der *Absicht für die Behandlung* gestellt. Von Ray Castellino[2] lernte ich, Sitzungen mit der Intention zu beginnen. Ist diese klar und griffig, führt sie wie eine Halteleine durch die ganze Sitzung. Der Körper orientiert sich intuitiv an der Intention. In den weitaus meisten Fällen gilt diese Absicht dem Leiden oder Verhalten des Kindes. Zu Beginn einer Sitzung selbst werde ich wiederum auf die Intention eingehen. Dabei achte ich darauf, dass die Eltern nicht nur eine Absicht für das Kind haben, sondern auch für sich selbst. Das kann zur Folge haben, dass das Kind sich entspannt, weil die Aufmerksamkeit von ihm genommen wird. Natürlich ist auch die Intention des Kindes wichtig. Viele Kinder zeigen sie nicht in Worten, sondern im Spiel, indem sie z. B. gleich zum Regal gehen und eine Puppe herausnehmen oder sich für die Ambulanz interessieren. Ich erlebe immer wieder, dass eine gut herausgearbeitete Intention die ganze Sitzung wie eine Orientierung gebende Richtschnur begleitet. Am Ende der Sitzung komme ich nochmals auf die Intention zurück und möchte auch von den Eltern wissen, was sie aus dieser Sitzung für sich mit nach Hause nehmen.

- Was nehmen Sie für sich aus dieser Stunde mit?
- Was nehmen Sie für die Beziehung zum Kind mit?

---

[2] Ray Castellino war ein ausgewiesener Kenner der prä- und perinatalen Psychologie und mein Lehrer. Mit und von ihm konnte ich über Jahre lernen, wie wir effizient mit Kindern und Erwachsenen im Bereich der ganz frühen Prägungen arbeiten. Er ist leider im Dezember 2020 verstorben. Siehe auch www.castellinotraining.com

- Was nehmen Sie für das Kind selbst mit?

Ziel ist, dass die Eltern möglichst konkrete Dinge mitnehmen und zu Hause umzusetzen versuchen. Das in der Sitzung Erlebte und Erfahrene begleitet die Familie durch die kommende Zeit bis zur nächsten Sitzung.

Jede Sitzung verläuft unterschiedlich. Ich gebe keine Ideen ein, was gemacht werden könnte, sondern lasse mich vom Kind oder den Eltern an das Thema heranführen. Wichtig sind die Rahmenbedingungen, die für Schutz, Sicherheit und eine Atmosphäre sorgen, in welcher alle Anwesenden sich gesehen und willkommen fühlen können. Dabei verwende ich Leitgedanken, die ich von Ray Castellino (s. Anmerkung, S. 48) übernommen und zusammen mit meiner Kollegin Regina Bücher erweitert habe. Im Kapitel 6.2 »Leitgedanken für ein gesundes Zusammenleben« werde ich näher darauf eingehen und sie ausführlicher beschreiben. An dieser Stelle möchte ich zwei Leitgedanken aufführen, die gleichsam die Basis der übrigen Leitgedanken sind:

- Jeder Mensch ist *willkommen*, so wie er ist, mit seinen Gedanken und Gefühlen. Alles hat Platz. Jeder Mensch hat das Recht, gesehen und gehört zu werden und sich zu zeigen, wie er sich fühlt. Jeder Mensch verdient Wertschätzung und Anerkennung, wer er ist und was er sagt.

Wenn ich diesen Leitgedanken vorstelle, erlebe ich oft eine Entspannung in der Familie oder beim Kind. Das Thema steht nicht mehr im Mittelpunkt, sondern die Beziehungsebene. Wenn alle Anwesenden spüren, dass sie bedingungslos angenommen sind, können Beziehungen in einem anderen Licht gesehen werden.

- Wir begegnen einander mit der Intention der *gegenseitigen Unterstützung und Zusammenarbeit*, selbst wenn wir in unseren Ansichten verschieden sind. Wir trauen es uns zu, uns dennoch gegenseitig zu unterstützen und zusammenzuarbeiten.

Jede Person im Familiensystem ist ebenso wichtig wie das System als Ganzes. Jede Person wird in ihren Bedürfnissen, ihrem Sein und ihren Anliegen ernst genommen. Gleichzeitig ist jede Person respektvoll gegenüber den Bedürfnissen und Anliegen der anderen.

Ich orientiere die Familie häufig im Verlaufe der ersten Sitzung über die Art, wie ich in meinem Raum zu arbeiten pflege und wie ich die Leitgedanken auch in meinem Alltag zu leben versuche. Ich mache ihnen Mut, diese Leitgedanken auch zu Hause umzusetzen und zu leben. Schon allein durch das Umsetzen dieser Leitgedanken in den Familien können bisher störende Themen losgelassen werden. Meine Erfahrung ist jedoch, dass es Zeit braucht, bis diese Leitgedanken verinnerlicht sind und von innen heraus gelebt werden.

Das Willkommensein praktiziere ich in der Praxis besonders mit den Kindern. Vor der ersten Sitzung begrüße ich die Kinder nicht mit der Hand, was viele Eltern erstaunt. Ich sage den Kindern etwa: »*Hallo, Jonas. Schön, dass du mit deinen Eltern da bist. Ich gebe dir die Hand nicht, weil ich dir und mir Zeit lassen möchte, einander zu begegnen. Mit Mama habe ich bereits am Telefon gesprochen und kenne sie daher etwas. Wir sehen uns heute das erste Mal. So möchte ich dir Zeit lassen, hier anzukommen und mich etwas näher kennen zu lernen.*«

Ich erlebe wunderbare Begegnungen mit den Kindern und möchte ein Beispiel erwähnen, wie ideenreich Kinder sind, andere willkommen zu heißen:

BEISPIEL

Ich beginne die erste Sitzung mit einer Mutter und ihrer 14 Monate alten Tochter in der oben erwähnten Art. Das Mädchen versteckt sich hinter der Mama, schaut mich etwas schüchtern an und folgt ihr in meinen Raum. Wir setzen uns auf die Matratze, und ich wende mich an die Kleine: »Du bist willkommen, so wie du bist. Schau dich in aller Ruhe im Raum um und lass dir Zeit dafür. Ich werde erst mit Mami ein paar Worte wechseln.« Die Kleine lässt mich nicht aus den Augen, während sie neben ihrer Mutter sitzt. Nach wenigen

Minuten greift sie nach der Tasche der Mutter, wo ihre Trinkflasche steckt. Die Mutter lässt sie gewähren. Das Mädchen zieht die Flasche heraus und kriecht mit ihr auf mich zu. Sie stellt die Flasche neben mich, begibt sich wieder zurück an ihren Platz neben der Mutter und beginnt mit einer Puppe zu spielen. Ich rühre die Flasche nicht an, sondern spiegle einfach, was ich spüre: »Du stellst die Flasche neben mich. Vielen Dank. Ich werde gut auf sie aufpassen.« Die Flasche bleibt die ganze Stunde neben mir stehen. Als ich gegen Ende der Stunde dem Mädchen sage, dass wir allmählich zum Abschluss kommen, kriecht sie wieder zu mir und holt sich die Flasche.

Mich berührt diese unglaublich feine Form, wie mich das kleine Mädchen willkommen heißt und mir sein Vertrauen zeigt.

Je nach Themen aus Schwangerschaft und Geburt haben Eltern oft Bedenken, diese zu benennen, weil sie befürchten, es könnte für das Kind zu viel sein. Sie sind sich nicht bewusst, dass das Kind dabei war und alles schon miterlebt hat. Gerade die Offenheit der Eltern unterstützt das Kind, gleich welchen Alters, Festgehaltenes loszulassen und einfach Kind zu sein und dem zu folgen, was seinem Wesen entspricht. Alles, was Eltern und Kind gemeinsam betrifft, hat Platz und kann vor dem Kind offengelegt werden. Die Erfahrung wird beschrieben und nicht bewertet. Sind Gefühle mit im Spiel, kann ich dem etwas verdutzt dreinblickenden Kind etwa sagen: »*Deine Mama erzählt gerade, wie sie die Zeit mit dir im Bauch erlebt hat. Es war für sie sehr belastend, und das berührt jetzt ihre Tränen. Du siehst es und musst dafür gar nichts tun. Du trägst keine Schuld. Es sind Mamas Gefühle, mit denen sie auch wieder zurechtkommen wird.*«

Möchten die Eltern etwas über das Kind und sein Verhalten erzählen, ermuntere ich sie, erst beim Kind die Erlaubnis dazu einzuholen. Es geht hier um den Leitgedanken der Vertraulichkeit, den ich weiter unten ausführlicher vorstellen werde. Dadurch dass Eltern das Kind um Erlaubnis fragen, leben sie indirekt auch die beiden oben beschriebenen Leitgedanken. Sie heißen das Kind in seiner Art willkommen und möchten etwas gemeinsam mit ihm anpacken.

Die Sitzungen mit dem Kind können ganz unterschiedlich verlaufen. Manchmal spielt das Kind allein, während die Eltern und ich einfach dabei sind. Manchmal bezieht das Kind seine Eltern und/oder mich mit ein. Manchmal sitzt das Kind einfach bei den Eltern, wenn sie erzählen. Es gibt Kinder, die sich die Sache erst mal angucken, Sicherheit spüren wollen, bevor sie sich in ein Spiel einlassen. Sie tun es den Erwachsenen gleich, die sich auch ihre Zeit nehmen, bevor sie sich auf den Prozess einlassen.

BEISPIEL

Eine alleinerziehende Mutter kommt mit ihrem fünf Jahre alten Raul zur ersten Sitzung. Ihr Anliegen ist, nebst der medizinischen Unterstützung einen Weg zu finden, wie sie die häufigen Lungenentzündungen des Jungen verstehen und besser damit umgehen kann. Sie möchte auch herausfinden, was er mit der wiederkehrenden Krankheit mitteilen möchte. Aus der telefonischen Besprechung und dem Fragebogen weiß ich, dass sein Zwillingsbruder in der einundzwanzigsten Schwangerschaftswoche verstorben ist und in der 27. Woche mit Raul, seinem Bruder, mit geplantem Kaiserschnitt geboren wurde. Allein schon diese kurze Beschreibung bringt die Vielschichtigkeit des Themas nahe. Ich bin mir bewusst, dass ich mich innerlich weit zurücklehnen muss, um die einzelnen Elemente zu erfassen. Die Schilderung macht mich auch betroffen, und ich spüre viel Mitgefühl für den Jungen und seine Mutter. *Ich erlebe einen Jungen, der sehr schüchtern an der Seite der Mama bleibt und sich auch ganz nahe zu ihr auf die Matratze setzt. Anfänglich schaut er sich im Raum gar nicht um. Er kann nach den vielen medizinischen Kontakten, die er bisher fast monatlich erlebt hat, nicht wissen, wie es bei mir sein wird. Er wusste, dass ich kein Arzt bin. Aber was in meinem Raum gemacht wird, konnte er nicht wissen. Er bleibt bei der Mutter. Ich sage ihm, dass ich mich mit ihr nun austauschen werde. Er könne einfach bei ihr sein oder sich etwas zum Spielen holen. Ich anerkenne, wie sehr es mich berührt, dass er schon so viel in seinem jungen Leben erfahren musste. Ich füge an, wie sehr es mir leid tue, dass er bisher so viele Abschiede und Trennungen erleben musste. Während ich mit der Mutter die heutige Situation bespreche, schaut sich Raul immer mehr um und beginnt, sich hinter der Mutter zu verstecken. Ich spiegle sein Spiel, was er mit schüchterner Freude im Gesicht beantwortet. Er wird immer deutlicher im Spiel. Es macht ihm sichtlich Spaß, entdeckt zu werden. Ich unterstütze ihn in diesem lustvollen Spiel. Als nächstes beginnt er kopfvoran auf der Matratze vorwärts zu robben. Es sieht wie eine Geburtsbewegung aus. Auch da begleite ich ihn und spiegle seine Bewegungen, ohne sie zu deuten.*

Drehsessel.

Dann entdeckt er den eiförmigen Drehsessel mit einem kleinen und einem großen Bären darin. Er öffnet und schließt mehrmals die Hülle und scheint sich immer wieder vergewissern zu wollen, dass sie beide drin sind. Ob er auf seine Erfahrung mit dem Zwillingsbruder aufmerksam machen will? Ich weiß es nicht, gebe keine Deutung, sondern begleite einfach sein Spiel. Er fühlt sich offensichtlich wohl dabei und setzt sich sogar eine kurze Zeit neben mich. So geht die Stunde lebhaft weiter.

Ich möchte mit dieser Schilderung aufzeigen, dass Kinder ihre Intention spielen und ihr Thema einkreisen, je mehr Sicherheit und Vertrauen sie im Raum spüren. Dass dies häufig schon in der ersten Sitzung geschieht, berührt mich immer wieder. Ich sorge dafür, dass sich das Kind und die Eltern in meinem Praxisraum sicher fühlen. Dem, was sich zeigen will, gebe ich viel inneren Raum.

Während der Sitzung gebe ich den Eltern meistens nur kurze Hinweise, wo wir uns im Ablauf der Sitzung oder hinsichtlich des Inhaltes des Spiels befinden. Mehr füge ich am Ende der Stunde oder in einer nachfolgenden telefonischen Besprechung an. Die Eltern haben meistens auch viele Fragen, die dann sehr gut Platz haben, ohne dass das Spiel des Kindes zu kurz kommt. Im Spiel zeigt das Kind sein Thema. Das kann manchmal dauern. Gerade Babys brauchen oft eine ganze Stunde, bis sie uns gegen Ende zeigen können, was sie bewegt.

Geht die Sitzung dem Ende entgegen, teile ich es dem Kind und den Eltern mit: »*Wir kommen allmählich zum Ende der Sitzung und ich möchte dich und deine Eltern unterstützen, einen guten Abschluss zu finden. Ich erlebe, wie intensiv du gerade spielst und noch lange spielen möchtest. Es tut mir leid, dass wir trotzdem in ca. 10 Minuten die Stunde beenden werden.*«

Wenn ich das Ende der Sitzung ankündige, kann das Kind in seiner Geschichte berührt werden. Ist z. B. ein Kind mit Kaiserschnitt aus dem Uterus geholt worden, kann es mit Wut und Ärger reagieren. Es wirkt so, als ob der Weg, den das Kind im Spiel gegangen ist, abgebrochen würde, wie es damals beim Kaiserschnitt geschah.

BEISPIEL

Ein mit Kaiserschnitt geborenes Kind spielt sein Geburtserlebnis. Es holt sein Lieblingstier durch den »Notausgang«, so die Bezeichnung des Kindes, heraus, obwohl der natürliche Weg – im Spiel der Tunnel – bereit ist. Als ich ihm das baldige Ende der Stunde ankündige, geht es zu einem anderen mit Kissen gebauten Haus, sprengt es und holt ein Spieltier unsanft aus den Trümmern. Ich spiegle sein Tun und sein Gefühl, sich so plötzlich auf etwas ganz anderes einlassen zu müssen. Es macht in der Therapiesitzung eine andere Erfahrung. Die Sitzung wird zwar beendet, der Kontakt hingegen bleibt bestehen. Vor allem erlebt das Kind, dass es in seinen Gefühlen gesehen und angenommen wird, auch wenn Grenzen gesetzt werden müssen, d. h. das Spiel beendet werden muss.

5.2 »Mama – eines Tages gehe ich wieder in die Schule« Schockerfahrung während der Schwangerschaft und ihre Auswirkung

Ich möchte mit einem Beispiel aus meiner Praxis beginnen.

BEISPIEL

Josua verweigert den Besuch der 1. Klasse. Er meint, er könne nicht in die Schule gehen – aus Angst, auf der Straße von einem Auto mitgenommen zu werden. So begleitet ihn die Mutter bis vor das Klassenzimmer. Doch er schafft es nicht, ins Zimmer zu gehen, und zeigt deutliche Angst vor dem Eintritt. Es gibt keine äußeren Anhaltspunkte, die diese Angst rechtfertigen würden. Er hat zwei verständnisvolle Lehrerinnen. Diese wie auch der Schulleiter üben keinen Druck auf Eltern und Kind aus, noch wird er von den Mitschülern ausgelacht oder geplagt. Alles Begleiten hilft nichts. Josua sagt immer wieder, er fühle sich nicht sicher und habe Angst, ein Unbekannter könnte plötzlich ins Zimmer kommen. Aus seiner frühen Geschichte weiß ich, dass die Eltern einen Autounfall hatten, als die Mutter im 4. Monat schwanger war. Auch ohne körperliche Verletzungen erlitten alle einen massiven seelischen Schock. Der weitere Verlauf der Schwangerschaft, die Geburt selbst und die ersten Jahre waren unproblematisch. Weil die Kindergärtnerin eine gute Bekannte der Eltern war, schaffte es der Junge, ohne dass die Angst deutlich zum Vorschein kam. Er hatte in dieser Phase zwar Mühe, in den Kindergarten zu gehen, die Zeichen konnten aber nicht in dem Sinne verstanden werden, wie sie sich später deutlicher zeigten.

Die Sitzungen fanden fast ausnahmslos mit beiden Eltern zusammen statt. Sie unterstützten ihr Kind, der früher erlebten Bedrohung Ausdruck zu geben und dadurch die Erfahrung zu integrieren. Wenn Kinder so intensiv reagieren, ohne dass in der Gegenwart ein aktueller Anlass besteht, sind es meistens Hinweise auf eine früher erlebte bedrohliche Erfahrung, der sie schutzlos ausgesetzt waren. *Zu Beginn der Therapie zeigte sich, dass der Junge die Angelegenheit selbst in die Hand nehmen wollte, indem er die Bedrohung bekämpfte. Im Spiel sollte ich ihn angreifen und er kämpfte gegen mich. Er baute auch zu Beginn jeder Sitzung ein Haus, das erst leer stand, dann später von ihm und noch später auch mit seiner Mutter bewohnt wurde. Häufig aber wurde das Haus am Ende der Sitzung zerstört. Es änderte sich, als ich dem Vater empfahl, sich beim Jungen zu entschuldigen, dass er ihn damals, beim Autounfall, nicht geschützt hatte. Er versicherte ihm auch, dass er nun alles daran setzen werde, ihn zu schützen und zu verteidigen. In der Sitzung wurde dies konkret, indem der Vater seinen Sohn verteidigte, sobald ich ihn angreifen sollte. Dabei war der Junge sehr erfinderisch, wenn es darum ging, mich »unschädlich« zu machen. So musste mich der Vater auf Geheiß des Sohnes mit einem Seil festbinden, damit er mich – die Bedrohung – im Griff hatte.* Die am Ende der Sitzung immer wieder zerstörte Hütte könnte ein Hinweis für die damals im Mutterleib zerstörte Sicherheit sein. *Diese Annahme fand ich in einer Sitzung bestätigt, indem der Junge mich unter einem Stapel Matratzen begrub, die vorher als Haus gedient hatten. Voller Stolz meint er zum Vater gewandt: »Ha, jetzt habe ich in kurzer Zeit aus einer Burg ein Gefängnis gemacht!«*

Josua hat mich auf etwas hingewiesen, woran ich bis anhin nicht gedacht hatte. Für Babys bedeutet der Uterus ein sicherer Ort, wie es früher die Burgen waren. Kommt jedoch ein Angriff von außen, kann die Mutter unter Umständen das Kind nicht schützen, wie dies bei einem Schockerlebnis im beschriebenen Sinne der Fall war. Nun kann sich der bisher sicher geglaubte Uterus in ein Gefängnis verwandeln, in welchem sich das Kind eingeschlossen fühlt. Daran müssen wir bei Interventionen jeglicher Art von außen denken. Was dem Kind helfen soll, wird von ihm selbst möglicherweise anders empfunden, nämlich z. B. als Bedrohung.

Im Verlauf der Therapie konnte der Junge schon bald einzelne Stunden in der Kleingruppe bei der schulischen Heilpädagogin besuchen und bald auch unter Begleitung eines Elternteils im Klassenverband. Gleichzeitig konnte in der Therapie festgestellt werden, wie das Haus, das er baute, an Stabilität gewann und am Ende nicht mehr zerstört wurde. Um den schulischen Anforderungen besser gewachsen zu sein, wiederholte Josua auf eigenen Wunsch die zweite Klasse und konnte sich in der neuen Umgebung ohne Probleme integrieren. Dass der Junge sich so gut entwickelte, lag einerseits daran, dass die Eltern in jeder Stunde anwesend waren und ihn in seinen Schritten unterstützen konnten. Andererseits waren sie offen für Anteile aus ihrer eigenen Geschichte. Zudem war die Unterstützung durch die Schule ein Ausdruck für die Sicherheit, die Josua in einer neuen Umgebung finden konnte. Ich führte mehrere Gespräche mit den Lehrkräften und dem Schulleiter, sodass auch sie sich unterstützt fühlten. In der Therapie hatte Josua wiederholt gesagt: »Mama, eines Tages gehe ich wieder in die Schule!« Diese Aussage habe ich ihm wiederholt bestätigt, besonders in Momenten der Ohnmacht und Hilflosigkeit, wenn der Prozess festgefahren schien.

Josua besuchte nun die Schule regelmäßig und selbständig. Es gab auch keine Rückfälle, als er in der fünften Klasse gemobbt wurde. Heute absolviert Josua mit Erfolg eine Lehre und hat auch im sportlichen Bereich einen äußerst befriedigenden Ausgleich gefunden.

Bei solchen Ereignissen wie der Erfahrung von Josua stehen die Eltern häufig selbst unter Schock, so dass sie dem Kind nicht den Halt und die Sicherheit bieten können, die es braucht, um die Bedrohung früh wieder loslassen zu können. Später sind es oft unscheinbare Auslöser, wie z. B. ein langsam vorbeifahrendes Auto, welche die frühe Bedrohung reaktivieren. Ich erachte es als einen Glücksfall, wenn beide Eltern in den Sitzungen anwesend sein können. So können sie das, was geschehen ist, zusammen mit dem Kind integrieren, die schwierige Erfahrung verarbeiten und wieder loslassen und sich gegenseitig unterstützen. Die Erfahrung, die die Eltern aus der Verarbeitung eines traumatischen Ereignisses gewinnen, können sie laufend in das familiäre System einbringen. So können sie z. B. die vergangene Erfahrung benennen und das Damals vom Heute unterscheiden. Die Eltern und alle Familienmitglieder gewinnen.

Damit Heilung möglich ist, sind verschiedene Faktoren notwendig:

- Das Kind braucht verständnisvolle Bezugspersonen, die das Nichtkönnen des Kindes als einen Ausdruck der Not verstehen, in welcher es sich befindet, und nicht als persönliches Versagen oder Widerstand.
- Das Kind braucht Lehrkräfte, die sein Wegbleiben als ein Alarmzeichen sehen und nicht als etwas, wovor es sich drücken will.
- Das Kind braucht Lehrkräfte und Behörden, die offen und bereit für neue Wege sind und es trotz herausfordernder Umstände stets willkommen heißen.
- Das Kind braucht Eltern und Lehrkräfte, die keine Angst davor haben, andere Kinder könnten das Verhalten kopieren.
- Das Gespräch mit den Kindern zur Situation ihres Kameraden ist unumgänglich. Ich konnte immer wieder die Erfahrung machen, dass es keine Nachahmer gibt, wenn die Kinder offen darüber informiert werden, weshalb jemand nicht in der Klasse sein kann. Ich habe auch immer wieder erfahren dürfen, dass Kinder ein großes Verständnis für die Situation ihres Mitschülers entwickeln und oft auch bedauern, dass er nicht mit ihnen in der Klasse sein kann.

- Die Erwachsenen sind der festen Überzeugung, dass jedes Kind mit anderen Kindern zusammen sein möchte, wie ich bereits oben erwähnt habe. Dies umso mehr, wenn die Kinder spüren, dass sie so, wie sie sind, willkommen sind.

5.3 »Ich warte auf den Zwilling« – Auswirkung auf die Lernbereitschaft

BEISPIEL

Patrik, ein Erstklässler bringt die Lehrkräfte zur Verzweiflung, weil er sich weder am Unterricht noch sozial in der Klasse beteiligen will. Sie sind der Meinung, dass der Junge eine schwere Lernstörung habe, die eine Einweisung in eine Schule für Lernbehinderte rechtfertigen würde.

Zum ersten Gespräch kommt die Mutter allein. Als sie mir ihren Sohn und sein Verhalten schildert, taucht in mir – eher intuitiv – der Gedanke auf, Patrik könnte früh ein Geschwister verloren haben. Auffallend ist Patriks großer Wille, in die Schule zu gehen. Kaum ist er jedoch da, wirkt er wie blockiert.

Seine Mutter erzählt, im dritten Schwangerschaftsmonat eine starke Blutung gehabt zu haben. Ihr erster Gedanke damals war: »Jetzt habe ich das Kind verloren.« Als der Arzt sie beruhigte, steckte sie das Ereignis weg.

Als kleines Kind fragte Patrik mehrmals, weshalb er keine Geschwister habe. Zudem erzählte er von seinem Opa, wie wenn er ihn gekannt hätte, obwohl dieser fast zwei Jahre vor seiner Geburt verstorben war. Ich ermuntere die Mutter, ihrem Sohn von unserem Gespräch zu erzählen. Sie dürfe auch von ihrer Vermutung sprechen, dass er damals nicht allein im Bauch gewesen sein könnte.

Zuhause will der Junge tatsächlich wissen, was besprochen wurde. Die Mutter erwähnt, dass während der Schwangerschaft möglicherweise noch ein Geschwister mit ihm unterwegs gewesen sei. Daraufhin sagt er mit erstaunlicher Klar-

heit: »Ja, Mama, ich weiß es. Er ist mit viel Blut weggegangen, und ich konnte ihm nicht ›Tschau‹ sagen.«

Patrik ist überzeugt, dass es ein Bruder war, und gibt ihm einen Namen. Es hört sich so an, als ob Patrik schon immer davon gewusst, es aber bis heute geheim gehalten hatte. In den folgenden Stunden gibt es Phasen, in denen die Trauer über den Verlust von Joël, wie er ihn nennt, viel Raum einnimmt. Dies war schon früh in seinem jungen Leben ein schmerzlicher Verlust.

Patriks schulisches Verhalten verändert sich von einem Tag auf den andern. Jetzt macht er plötzlich mit, lernt in kürzester Zeit lesen, schreiben und rechnen und engagiert sich sozial. Auf meine Frage wie er nun die Probleme in der Schule löse, antwortet er mit voller Überzeugung: »Dann frage ich einfach Joël. Er sitzt nämlich neben mir.«

In der Zwischenzeit hat Patrik das Abitur erfolgreich hinter sich gebracht.

Wie können wir Patriks Verhalten verstehen?

Kinder, die ein Geschwister während Schwangerschaft oder Geburt verlieren, leben in einer großen Gefühlsspanne. In der Psychologie sprechen wir vom »*Double Bind*«[3], von einer doppelten Bindung. Das Kind möchte einerseits leben. Mit dieser Intention ist es ins Leben gekommen. Andererseits fühlt es die Verbindung mit dem abwesenden Zwilling. Oft glaubt es, dem verstorbenen Zwilling gegenüber nicht richtig zu handeln, wenn es sich dem eigenen Leben zuwendet. Das hat damit zu tun,

---

[3] Der Begriff »Double Bind« stammt aus der Kommunikationspsychologie und wurde vom Anthropologen und Kommunikationsforscher Gregory Bateson eingeführt. »Double Bind« beschreibt die doppelte Bindung eines Menschen an paradoxe Botschaften oder Signale und deren Auswirkungen. Es ist eine in jedem Fall lähmende Bindung. Beispiel: Ein Kind zwischen zwei getrennt lebenden und sich bekämpfenden Eltern. Es liebt beide Eltern. Dennoch kann es nicht unbefangen bei einem Elternteil von Erlebnissen mit dem anderen Elternteil erzählen, weil es spürt, dass es für den Angesprochenen schwierig ist. Es hat Angst dadurch einen Elternteil zu verlieren.

dass das Kind sich mit dem lebenden, also mit sich selbst, und dem toten Zwilling identifiziert. Es fühlt sich zwischen den Polen. Wofür immer es sich entscheidet, es fühlt sich nie richtig an. Gleichzeitig dem toten Zwilling folgen und den eigenen Auftrag umsetzen, nämlich sich den Aufgaben des Lebens zu stellen, bringt das Kind nicht unter einen Hut. Es befindet sich in der oben beschriebenen Double Bind-Energie. Oft ist es wie in einer Lähmung gefangen, die sich in Verweigerung, Lernunlust, Rückzug und Apathie zeigen kann.

Das Beispiel von Patrik macht noch etwas anderes deutlich. Ein Kind, das sein Zwillingsgeschwister ganz früh in der Schwangerschaft verloren hat, hat oft selbst keinen bewussten Zugang zu dieser Erfahrung. Es ist wie ein Geheimnis, sogar vor ihm selbst. Da es kein kognitives Wissen ist, offenbart es sich in unbestimmten Gefühlen, Körperempfindungen, Körperreaktionen und/oder Verhaltensweisen (Austermann u. Austermann 2006, S. 86ff.). Oft wird das Geheimnis erst gelüftet, wenn von außen eine Türe geöffnet wird. Kinder erleben dies dann meistens wie eine Befreiung. Ein weiterer Aspekt betrifft die tiefe Trauer um den verlorenen Zwilling. Sie kann sich z. B. später als große Sehnsucht nach Verbindung und Unterstützung zeigen. Der Zwilling wird in den Mitmenschen gesucht. Weil die früher erlebte Nähe verständlicherweise dort nicht gefunden werden kann, scheint dementsprechend in den Beziehungen immer etwas zu fehlen.

Zwillingsverlust – eine weitgehend unbekannte Dynamik

Kinder zeigen ihr Wissen auf vielfältige Weise. Forscher (Emerson 2000, S. 47f.) gehen davon aus, dass zwischen 30 bis 80% aller Zeugungen Mehrfachzeugungen sind. Die Geburtenrate von Zwillingen jedoch liegt bei ungefähr 3,5%. Daraus lässt sich schließen, dass viele Embryonen schon im Frühstadium der Schwangerschaft wieder gehen, ohne dass jemand davon Kenntnis zu haben scheint. Dem ist aber nicht so.

Der überlebende Zwilling weiß um das Drama, das sich in nächster Nähe abgespielt hat, wie wir aus dem Beispiel von

Patrik erfahren. Oft bleibt dieses Wissen jedoch in den Körperzellen unentdeckt.

Es gibt Situationen, bei denen man weiß, dass ein Zwilling früh weggegangen ist. Dann gibt es vermutlich noch viel mehr Menschen, die einen Zwilling verloren haben, von dem niemand etwas weiß. Dies ist besonders bei eineiigen Zwillingen der Fall. Stirbt ein Zwilling, wird dieser vom Gewebe des überlebenden Zwillings oder der Mutter absorbiert. Die Zellen des überlebenden Zwillings haben das Ereignis jedoch gespeichert, ohne dass es kognitiv erkannt wird.

Kinder und Erwachsene verhalten sich in einer Art und Weise, die diesem Verlust Rechnung trägt. Ich möchte es auf dem Hintergrund meiner praktischen Erfahrung aufzeigen. Es ist mir durchaus bewusst, dass ich nur ein paar Ebenen erwähnen kann. Die Verhaltensweisen von überlebenden Zwillingen können sehr vielfältig sein. Es gibt keine Wenn-dann-Beziehung. Die Anzeichen für einen verlorenen Zwilling können vorhanden sein, was jedoch nicht eindeutig auf einen Verlust schließen lässt.

Ein wesentlicher Aspekt ist für mich das Verhalten eines Kindes, wie es im familiären oder schulischen Alltag von Erwachsenen beschrieben wird.

- Das Kind wird z. B. als beziehungsunfähig oder beziehungsgestört eingestuft.
- Es scheint nicht wirklich oder nur halbherzig anwesend zu sein oder wirkt verträumt.
- Es bevorzugt beim Spielen nur Buben oder nur Mädchen.
- Es kümmert sich gern um jüngere Kinder in der Klasse oder im Kindergarten.
- Es nimmt sich im Unterricht erheblich zurück, so dass die Leistungen ungenügend sind.
- Es verweigert – wie im Beispiel von Patrik – das Lernen und die sozialen Kontakte, was oft als Beziehungsstörung interpretiert wird.
- Auf dem Pausenplatz ist es oft für sich oder beteiligt sich mit wenig Engagement am Spiel der anderen Kinder.

- Das Kind führt zu Hause auffallend viele Selbstgespräche mit einem virtuellen Freund oder einer imaginären Freundin.
- Das Kind hat ein ausgesprochenes Lieblingstier als Kuschelobjekt.
- Es kauft sich zwei gleiche T-Shirts und muss sonst alles doppelt besitzen.
- In der Pubertät können Anorexie oder Bulimie ein Hinweis sein.
- Schlafwandeln kann als Suche nach dem Zwilling verstanden werden.

Weshalb kann man auf Zwillingsverlust schließen?

Die Beziehung zwischen Zwillingen ist enger als jene zwischen dem Kind und seiner Mutter. Denn die Zwillingsbeziehung ist bereits vor der Beziehung zur Mutter da. Zwillinge verbinden sich bereits auf der Seelenebene (Steinemann 2014, S. 168) und fühlen sich fortan miteinander verbunden und füreinander verpflichtet. Stirbt nun einer der Zwillinge, kann sich der andere verlassen und orientierungslos fühlen. Innerlich will er den anderen Zwilling nicht verlassen. Das kann zu den oben erwähnten Verhaltensweisen führen. Geht der lebende Zwilling z. B. seinen Weg, würde er, so der Glaube, den toten Zwilling verraten und/oder im Stich lassen. Geht er jedoch in den Zustand der Verweigerung oder Lähmung, indem er unter Umständen Herausforderungen in der Schule nicht annimmt, erfüllt er seine Aufgabe im Leben nicht. Dass der lebende Zwilling da ist, bedeutet, dass er im Leben sein will. Wofür immer der lebende Zwilling sich entscheidet, es fühlt sich nie richtig an. Das Kind befindet sich in einer Zwickmühle, in dem oben beschriebenen Double Bind. Solche Kinder wirken oft nicht wirklich glücklich.

Wie können wir solche Kinder unterstützen?

In der Schule:

- Achtsam beobachten, was das Kind erzählt, spielt, wie es mit den Erwachsenen Kontakt aufnimmt, usw.
- Das Kind willkommen heißen, wie es ist.

- Keine spezielle Behandlung. Das Kind wie alle andern behandeln.
- Wenn etwas nicht gelingt oder schwierig scheint, anerkennen und Raum geben, wenn es nötig ist.
- Transparent sein in der wertfreien Beschreibung dessen, was gerade geschieht.
- Die Erfahrung von damals anerkennen, sobald das Kind darauf aufmerksam macht.

In der Familie:

- Das Kind wie jedes andere begleiten und unterstützen.
- Die Tatsache des verlorenen Zwillings erfordert viel Mitgefühl und kein Mitleid oder eine Schonhaltung.
- Achtsam dem begegnen, was das Kind erzählt, und es in seinen Gefühlen und Gedanken bestätigen. Es geht dabei nicht um richtig oder falsch, sondern darum, dass das Kind eine andere Wahrnehmung als die Erwachsenen hat.
- Lösungen mit dem Kind und den Eltern finden, wie es mit der Erinnerung an die Erfahrungen von damals im Hier und Jetzt umgehen und seinen Weg gehen kann.

Die Thematik um den Verlust des Zwillings ist so vielschichtig, dass sie achtsam und respektvoll behandelt werden soll. Eine Auflösung der Double Bind-Situation kann geschehen, indem die Realität des Verlustes anerkannt und gewürdigt wird. Schließlich müssen Wege gefunden werden, wie der lebende mit dem toten Zwilling in Verbindung bleiben kann. Kinder finden oft selbst Lösungen, die uns manchmal staunen lassen, wie die Aussage von Patrik belegt.

5.4 »Ich spüre, wann ich bereit bin« – Das Warten auf den inneren Impuls

BEISPIEL

Elias wird nach einer unkomplizierten Schwangerschaft in

der 37. Schwangerschaftswoche aus medizinischen Gründen mit geplantem Kaiserschnitt zur Welt gebracht. Die Geburt ist morgens um 08.15 Uhr. Elias ist ein zufriedenes Kind und entwickelt sich unauffällig. Erste Schwierigkeiten tauchen auf, als er die Spielgruppe verweigert und später nur mit der Mutter in den Kindergarten geht, wo sie meistens bleiben muss. Diesen Umständen wird wenig Beachtung geschenkt. In der ersten Klasse gibt es erstaunlicherweise keine Probleme. Im Verlaufe der zweiten Klasse wird der bisher unbeschwerte Junge auffallend lustlos. Er besucht während der zweiten und dritten Klasse die Schule nur teilweise. Bei besonderen schulischen Anlässen wie Schullager oder Sternsingen bleibt er zu Hause.

Zu Beginn der vierten Klasse in einem neuen Schulhaus mit einer neuen Lehrkraft verweigert Elias nun gänzlich. Lehrerin wie Schulleiter versuchen ohne Erfolg, den Jungen in der Klasse zurückzuhalten. Ein Erziehungsberater rät den Eltern, ihn in die Schule zu zwingen. Schließlich empfiehlt der Kinderpsychiater einen Aufenthalt in einem Heim für Kinder mit emotionalen und sozialen Beeinträchtigungen. Doch auch da verweigert Elias noch mehr, sogar das Essen, was schließlich dazu führt, dass er nach drei Tagen in die Familie zurückgebracht wird und vorerst zu Hause bleibt.

Seit die Mutter sich wegen einer Blutung für ein paar Tage in Spitalpflege begeben musste, klammert sich der Junge an sie und lässt sie kaum mehr aus den Augen.

Weil Elias die Schule seit Beginn der vierten Klasse nicht mehr besucht, wird vereinbart, dass die Mutter die Aufgaben für Elias in der Schule holt. Elias erledigt diese ohne Probleme. Parallel zu den Sitzungen mit ihm und seinen Eltern finden regelmäßig Gespräche mit der Lehrerin und dem Schulleiter statt. Darin weise ich auf die frühe Problematik hin, die er erlebt hat, und zeige auf, wie sie Elias konstruktiv unterstützen können, z. B. indem sie in regelmäßigem Kontakt mit Elias bleiben und keinen Druck ausüben. Die Schule kann die Situation nachvollziehen und ist bereit, Elias die Zeit zu gewähren, die er braucht. Ich empfehle der Lehre-

rin, mit dem Jungen wöchentlich mindestens einmal telefonischen Kontakt zu halten. Gleichzeitig erwähnt die Lehrerin in jedem Morgenkreis zu Beginn des Unterrichts: »Elias kann heute nicht unter uns sein. Er gehört zu uns und wird eines Tages wieder mittun können.« Die Kinder können die Situation von Elias verstehen und bedauern, dass er nicht am Unterricht teilnehmen kann.

Kissenmauer mit Tunnel.

Die Sitzungen mit Elias gestalten sich fast immer gleich. Zielstrebig richtet er sich in einer Ecke einen Platz ein, der mit einer Mauer aus Kissen abgegrenzt wird. Durch die Mauer führt ein Tunnel nach außen, der aber mit einem Ball verschlossen wird. (vgl. Bild oben) Die Nische hat Elias mit einem Fell ausgekleidet. Er legt sich auf das Fell und liest in einem Buch. Es sieht so aus, als ob er sich in keiner Weise darum kümmert, was draußen vor sich geht. Ich unterhalte mich mit den Eltern und wir besprechen, wie sie ihren Sohn auch zu Hause unterstützen können.

Da der Vater einer arbeitsintensiven Beschäftigung nachgeht, finden die meisten Sitzungen mit Mutter und Sohn statt. Während der Sitzung erkundige ich mich stets bei Elias, wie es ihm gehe. Ich bestärke ihn, so lange drin zu bleiben, wie es ihm behage. Zugleich traue ich ihm zu, dass er den Zeitpunkt für eine Änderung spüren werde. Nach einem Jahr Therapie, die vierzehntäglich stattfindet, zeigt sich eine erste Verände-

rung. Gegen Ende der Sitzung – kurz vor Beginn des neuen Schuljahres – dreht sich der Junge und stemmt seine Füße gegen die Wand. Es zeigen sich erste Impulse. Ich bemerke sie, ohne sie anzusprechen. Bei der Verabschiedung sage ich Elias: »Am kommenden Montag beginnt das neue Schuljahr. Ob du es in der Klasse beginnst, lassen wir offen. Du entscheidest, wann es Zeit ist.« Der Junge blickt mich ganz verschmitzt an und geht. Drei Tage später ruft mich die Mutter an und sagt, dass Elias am Morgen des ersten Schultages sie gebeten habe, mit ihm in die Schule zu kommen. Die Mutter setzt sich hinten ins Klassenzimmer. Von Woche zu Woche kann sie ihre Anwesenheit im Klassenzimmer verringern. Am Ende der fünften Klasse besucht der Junge die Schule vollständig, erledigt jedoch keine schriftlichen Prüfungen. Das verbessert sich bis zum Übertritt in die Sekundarschule nur teilweise. Mit Eintritt in die Sekundarschule, wo er auf einen über die Vorgeschichte orientierten und feinfühligen Lehrer trifft, sind sogar die Prüfungen kein Thema mehr, so dass die Therapie bald beendet werden kann.

Inzwischen hat Elias das Abitur geschafft und an der Universität das Studium aufgenommen. Wie mir die Mutter bestätigt, ist er zu einem sonnigen, sozial engagierten und zielorientierten jungen Mann herangewachsen.

Ein Kind, das vorzeitig geholt wird, ist physiologisch noch nicht bereit für die Geburt. Somit kann es den Impuls, wann der richtige Zeitpunkt für die Geburt da ist, nicht spüren und entsprechend umsetzen. Ist ein vorzeitiger Geburtsbeginn erforderlich, ist es sehr hilfreich, das Kind darauf vorzubereiten. Man könnte mit ihm sprechen, anerkennen, dass es noch nicht bereit ist und es dennoch notwendig ist, damit es gesund zur Welt kommt. Aus Sicht der Therapie sieht es so aus, als ob Elias innehalten und auf den richtigen Moment warten würde. Er wurde im Uterus zu einem Zeitpunkt »überfallen«, als er physiologisch für die Geburt noch nicht bereit war. Ziel der jetzigen therapeutischen Begleitung ist, dass er seinen eigenen Impuls wieder finden und von innen heraus handeln kann.

Auch Kinder, denen bei der Geburt ein Wehenmittel verabreicht wurde, können ein solches Verhalten zeigen. Auch in dieser Situation wurde der Impuls des Kindes nicht abgewartet.

Aufgrund dieser Erkenntnisse ist es mir in der Begleitung des Jungen wichtig, keinen Druck auf ihn auszuüben. Das empfehle ich auch den Eltern und der Schule.

In der Therapie zeigt er symbolisch, worum es ihm geht. Die mit Kissen und Decke gestaltete Ecke kann man als Uterus verstehen. Der verschlossene Tunnel könnte der Geburtskanal sein (vgl. Bild auf Seite 66). Damit deutet er an, dass er noch Zeit braucht und nicht gestört werden will. Dass die Sicherheit im Uterus erst wiederhergestellt werden muss, zeigt sich darin, dass Elias anfänglich seine Mutter im Klassenzimmer dabeihaben möchte. Wie bereits oben erwähnt, kann das Klassenzimmer symbolisch als Uterus erlebt werden.

Die Lehrerin entschuldigt sich für ihr damaliges Verhalten, als sie ihn im Zimmer festzuhalten versuchte. Sie wollte ihren Teil beitragen, dass sich Elias in der Klasse sicher fühlen konnte. Der Junge entwickelt nun wieder mehr Vertrauen in die neue Umgebung. Das morgendliche Begrüßungsritual hat dazu beigetragen, dass er stets zur Klasse gehörte, selbst wenn er nicht anwesend war. In der Therapie versichere ich dem Jungen regelmäßig, dass ich seine Absicht spüre, die Schule wieder besuchen zu wollen. Dabei verlasse ich mich darauf, wie er sich zu Hause positiv zur Schule äußert und in der Freizeit mit den Klassenkameraden spielt. Er darf seinem Impuls vertrauen und wird wissen, wann er wieder zur Schule gehen kann.

Prüfungen unter dem Aspekt des Überfalls

Prüfungen können den Aspekt des Überfalls haben. Weil die Fragen nicht bekannt sind, können sich Kinder davon überfallen fühlen, obwohl sie sich inhaltlich vorbereitet haben. Elias' Antwort auf meine Frage, weshalb er die schriftlichen Prüfungen nicht mitmache, ist verblüffend logisch: »Ich kann den Prüfungsstoff vorbereiten, aber vor den Fragen habe ich Angst.« Kinder, die während Schwangerschaft und/oder Geburt eine unvorbereitete Intervention wie chemische und/oder chirurgische Eingriffe erlebt haben, können sich diesbezüglich sehr schwer tun. Somit können wir Prüfungsangst auch auf dem Hintergrund eines als Überfall erlebten frühen Eingriffs betrachten, bei dem sich das Kind nicht schützen konnte und keine Unterstützung erlebte.

5.5 »Helft mir – Ich schaffe es nicht!« – Kaiserschnittkinder in der Schule

Es gibt verschiedene Gründe, weshalb Kinder per Kaiserschnitt geboren werden. Wir unterscheiden zwischen dem primären und dem sekundären Kaiserschnitt. Beim *primären Kaiserschnitt* oder *Indikationskaiserschnitt* (Hildebrandt 2017) wird das Kind vor dem errechneten Geburtstermin geholt. Dies geschieht vorwiegend aus medizinischen Gründen, wie wir im obigen Beispiel von Elias gesehen haben. Manchmal ist es der ausdrückliche Wunsch der Eltern, ihr Kind auf diese Weise in die Welt zu bringen. Dazu gibt es verschiedene Gründe, auf die ich nicht näher eingehen werde.

Der Eingriff hinterlässt beim Kind oft ein Gefühl der Ohnmacht und Hilflosigkeit und die Erfahrung, dass in seinen persönlichen Raum eingebrochen wurde. Der Körper des Kindes kann sich gegen diese beträchtliche Grenzverletzung schützen, indem er in die Passivität abtaucht und sich aufgibt. Kämpfen und sich wehren scheinen zwecklos. Ein wesentliches Merkmal beim primären Kaiserschnitt ist das Fehlen der Wehen vor dem Eingriff. Das bedeutet, dass das Kind und der Körper der Mutter noch nicht bereit sind. Wehen vermitteln u. a. Grenzen, Sicherheit, Halt und Richtung. Diese Eigenschaften kann das Kind beim primären Kaiserschnitt nicht erfahren. Sie fehlen ihm oft im späteren Leben, was wir auch in der Schule beobachten können. Wenn z. B. Grenzen gesetzt werden, können solche Kinder oft vehement reagieren und in Widerstand gehen. Wenn jedoch die Grenzen fehlen, verlieren sie sich und finden in den Arbeiten oder beim Spiel kein Ende.

Der *sekundäre Kaiserschnitt* wird *Notfallkaiserschnitt* oder *Rettungskaiserschnitt* (Hildebrandt 2017) genannt. Das Kind hat meistens schon einen Teil des Geburtsweges hinter sich gebracht. Weil akute Gefahr für Mutter und/oder Kind besteht, wird der natürliche Geburtsprozess abgebrochen und die Intervention vorgenommen. Aus Sicht des Kindes könnte es heißen: »Ich habe den Weg mit der Mama zusammen nicht selbst geschafft. Von außen wurde ein anderer Weg bestimmt.« Man kann durchaus sagen, dass Kind und Mutter in diesem Moment aus der Bahn geworfen und ihrer Intention beraubt werden, gemeinsam die Geburt zu schaffen. Das Kind nimmt zudem die Energie in der Umgebung auf, die durch Hektik, Ohnmacht und Angst geprägt ist. Notgedrungen wird Handeln wichtiger, und die Verbindung zwischen Mutter und Kind tritt in den Hintergrund. Es sind ganz unterschiedliche Prägungen, die das Kind erlebt und in sein Leben mitnimmt. Es kann mit Wut, Auflehnung, Verunsicherung und Orientierungslosigkeit reagieren, wenn es später in Stresssituationen gerät.

Kinder, die mit Kaiserschnitt geboren werden, haben ganz früh erfahren, dass ihnen bei Schwierigkeiten geholfen wird. Das war damals richtig und unter Umständen lebensnotwendig. Sie können daraus lernen, die Helfer auch später im Leben in nicht lebensbedrohlichen Situationen auf den Plan zu rufen. Häufig haben sie Angst, wenn sie herausgefordert werden oder wenn es zu viel wird. Sie sind verunsichert. »Ich kann es nicht«, ist daher eine passende Reaktion. Oft haben sie Angst vor dem Lösungsweg und möchten sofort das Ergebnis haben. Wie beim Kaiserschnitt fehlen Schritte, die jedoch für den Weg und den erfolgreichen Abschluss wichtig sind. In solchen Momenten brauchen Kinder Unterstützung und Begleitung, damit sie die geforderte Aufgabe wie ihre Mitschüler umsetzen können, indem sie sich Schritt für Schritt vorarbeiten.

Die Erzieher geraten in die »Helfer-Falle«, indem sie dem Kind zu früh und unangemessen zur Seite stehen oder Arbeiten übernehmen. Eine solche »Hilfe« kann von unbewussten Schuldgefühlen begleitet sein. Viele Eltern glauben, sie müssten etwas wiedergutmachen, wie wenn sie damals beim Kaiserschnitt etwas falsch gemacht hätten.

Indem der Kaiserschnitt in sehr kurzer Zeit durchgeführt wird, fehlt die Zeit zur Integration der einzelnen Phasen der Geburt, wie sie bei der natürlichen Geburt möglich ist. Daraus könnte die Prägung entstehen, dass Schnelligkeit rettend und Langsamkeit gefährlich sein kann. Folglich braucht das Kind Unterstützung und die Zusicherung, dass es sich Raum und Zeit nehmen darf und dass es keine Angst haben muss, wenn die Lösung nicht gleich erreicht ist. Jetzt geschieht nichts Bedrohliches mehr.

Durch die *Periduralanästhesie* kann das Gefühl der Schutzlosigkeit zusätzlich verstärkt werden, weil dabei die sensorische Verbindung zur Mutter unterbrochen wird. Das Kind kann die Verbindung zur Mutter nicht mehr spüren und in Panik geraten.

BEISPIEL

Eine zwölf Jahre alte Schülerin muss nachmittags jeweils um 16.00 Uhr das Klassenzimmer verlassen, weil es ihr überfallsmäßig schwarz vor den Augen wird. Bei ihrer Geburt wurde der Mutter um diese Zeit die Periduralanästhesie gesetzt. Ich erwähne in den Sitzungen, dass ein Baby die Wirkung der Periduralanästhesie wie eine Trennung von der Mutter, wie ein Abgeschnittensein, erleben kann. Die Mutter und ich anerkennen, dass das Mädchen damals wohl eine solche Erfahrung gemacht hat. Nach wenigen Sitzungen verschwindet das Phänomen, und das Mädchen kann die Schule störungsfrei besuchen.

Wenn ein Kind nicht mehr in die Schule geht oder über längere Zeit fernbleibt, kann die Trennung als Wiederholung der Erfahrung bei der Periduralanästhesie gesehen werden. Bleibt die Lehrkraft jedoch mit dem Kind in Kontakt, kann es spüren, dass die Verbindung zu ihr und zu den Klassenkameraden lebt und gegenwärtig ist. Es würde genügen, wenn sie das Kind mindestens einmal pro Woche anruft oder ihm eine Mitteilung über digitale Medien zukommen lässt. Dabei geht es lediglich um eine Kontaktaufnahme, damit die Verbindung bestehen bleibt. Dies wiederum stärkt das Gefühl des Kindes dazuzugehören und unterstützt den inneren Impuls, wieder mit den Kameraden und den Lehrpersonen zusammen sein zu wollen.

Unruhe im Klassenzimmer kann für Kinder mit sekundärer Kaiserschnitterfahrung besonders herausfordernd sein. Sie können die Störung unbewusst mit der damaligen Unruhe und Hektik im Gebärsaal in Verbindung bringen, so dass sie sich in einer Bedrohungssituation wähnen. Die damalige Verunsicherung kann sich somit im Klassenzimmer wiederholen. Deshalb lohnt es sich, die Atmosphäre in der Klasse so zu gestalten, dass sich jedes Kind sicher und geschützt fühlt.

Abschließend möchte ich den Brief einer Mutter zitieren. Sie spricht von ihrem mit Kaiserschnitt geborenen Sohn und beschreibt, wie Kinder durch die Verarbeitung der traumatischen Erfahrung zwischen damals und heute unterscheiden können. Der Name des Kindes wurde geändert.

> *»Am heutigen Frühstückstisch kamen wir auf Erinnerungen aus der Vorschulzeit zu sprechen. Pedro (heute 10 Jahre) erzählte mir erstmals, dass wir eines Tages beim Erdbeerbauern zum Pflücken waren. Es war zur Zeit der Sphousernte, und wir durften in den langen, weißen Tunnels pflücken. Draußen waren bereits Vorbereitungsarbeiten zum Pflügen des Feldes im Gang. Es war lauter Motorenlärm von mächtigen Maschinen zu hören. Pedro hätte heftige Angst verspürt, denn er befürchtete, die Maschinen könnten in den Tunnel eindringen, ihn packen und zerschnetzeln. Heute würde er diese Angst nicht mehr haben, denn er wisse, dass solche Maschinen gar nicht in den Tunnel passen würden.*
>
> *Ich, die Mutter, versicherte ihm auch, dass ich alles stehen und liegen lassen, meine beiden Buben gepackt, davongerannt und in Sicherheit gebracht hätte. Pedro entgegnete, dass Marc in dieser Episode gar nicht dabei war. (Pedro ist unser Erstgeborener.) Also versicherte ich Pedro noch einmal, dass ich ihn schützend und fest in meine Arme genommen und in Sicherheit gebracht hätte.*
>
> *Einfach berührend, wie er die Angst beschrieb und wie es ihn heute aber nicht aus der Ruhe bringen konnte, als er*

die Geschichte erzählte. Ein schönes Erlebnis, um einen Tag zu beginnen.«

5.6 »Ich habe Angst, wenn du nicht da bist« – Frühe Trennung

BEISPIEL

Der drei Jahre alte Ben besucht die Spielgruppe und wird von seiner Mutter begleitet. Während des ganzen Morgens lässt er die Mutter nicht aus den Augen. Sie muss ganz nahe bei ihm sitzen und darf nicht einmal zur Toilette gehen, ohne dass er einen riesigen Schreianfall kriegt. Zu Hause zeigt sich das gleiche Bild. Die Mutter kann nicht aus dem Blickfeld des Jungen gehen, ohne dass er heftig zu weinen beginnt. Es sieht so aus, wie wenn er die Eltern terrorisiert, was angesichts der Situation nachvollziehbar wäre.

In der Therapie mit beiden Eltern zusammen weint Ben ununterbrochen und sagt immer wieder: »Nach Hause gehen. Ich möchte nach Hause.« Dabei wird er sehr wütend und zeigt kein Interesse an irgendwelchen Spielsachen. Die Mutter nimmt ihn schließlich zu sich, was ihn etwas beruhigt.

Seine Geschichte: Ben musste mit Notfallkaiserschnitt unter Vollnarkose geholt werden. Der Muttermund hatte sich nicht geöffnet. Der Junge hatte die Nabelschnur um den Hals, was vermutlich den notwendigen Druck auf den Muttermund verhindert hatte. Unmittelbar nach dem Kaiserschnitt musste die Mutter notfallmäßig hospitalisiert und für 24 Stunden ins künstliche Koma versetzt werden, sodass Ben sie erst nach drei Tagen sehen und spüren konnte. Es war für beide eine totale Überforderung, weil der Kontakt nicht wirklich von innen nach außen wachsen konnte. Für die Mutter war Ben ein fremdes Kind, weil das so wichtige Bonding nach der Geburt ausbleiben musste. Später wurde der Junge nochmals hospitalisiert und erneut von seiner Mutter getrennt. Umso mehr können wir nachvollziehen, wenn er heute seine Mutter nicht mehr aus den Augen lässt. Durch jede Trennung wird die Angst vor einer Wiederholung der damaligen Erfahrung verstärkt, was einer Retraumatisierung gleichkommt. In der Sitzung kommt die große Not des Jungen zum Vorschein.

In der zweiten Sitzung weint Ben wieder ununterbrochen; das Schreien ist jedoch weniger mit Wut durchsetzt. Von Ben höre ich stereotyp den gleichen Satz: »Mami, ich will nach Hause gehen!« Ich spiegle ihm, dass ich ihn höre und dass ich spüre, wie sehr er nach Hause möchte. Die Eltern jedoch entscheiden sich, die Therapie fortzusetzen. Sie teilen Ben mit, dass sie dableiben und ihn gleichzeitig schützen wollen, egal was geschehe. Er brauche keine Angst zu haben. Zu Beginn der dritten Sitzung erzählt die Mutter, dass sie in der vergangenen Woche mit der Spielgruppe im Wald war. Plötzlich sei ihr Sohn von ihr weggelaufen, um mit den anderen Kindern zu spielen, ohne dass er vorher dazu aufgefordert worden sei.

Etwas scheint sich zu bewegen. Wir können uns überlegen, was der Junge mit dem Satz »Ich will nach Hause« sagen möchte:

- Fühlt sich der Junge im Therapiezimmer nicht wohl und möchte weg? Oft übertragen Kinder ihre intrauterine Erfahrung auf das Therapiezimmer wie auf einen großen Uterus. Somit ist nachvollziehbar, wenn sie Angst vor irgendwelchen Wiederholungen haben.
- Wollte er in den Uterus zurück, wo er sich sicher fühlte, bevor er gestört wurde? Die unbewusste Erinnerung an die Zeit im Uterus ist besonders bei kleinen Kindern noch intakt. In der Psychologie sprechen wir vom impliziten Gedächtnis. Eine Person kann sich nicht an bestimmte Bilder, Worte, Handlungen erinnern. Meist sind es nicht differenzierte Wahrnehmungen, Empfindungen und Gefühle.

Wir wissen es letztlich nicht, was der wahre Ursprung von Bens Verhalten ist. Es ist auch nicht wesentlich. Sonst bestünde die Gefahr, dass wir uns als Therapeutin/Therapeuten zu sehr an Gedankenkonstrukten orientieren würden und nicht mehr aufnehmen könnten, was uns ein Kind wirklich mitteilen möchte.

Auf jeden Fall erlebe ich in der dritten Stunde einen Jungen, der mit den Eltern in den Korridor kommt und sich gleich hinter der Mutter versteckt. Ich begrüße Eltern und Ben und lade sie ein, bereits ins Zimmer vorzugehen. Er holt mit der Mutter zusammen eine Schlange und einen Dinosaurier vom Gestell. Wie ich hereinkomme, beginnt er mit dem Dino auf die Schlange einzuschlagen, die sich seinem Raum nähert. Ich unterstütze ihn in diesem Spiel. Er geht aber nicht in Kontakt mit mir. Die Mutter erzählt, wie er nun nach den Ferien in der Spielgruppe ganz frei mit den anderen Kindern spiele, ohne dass sie dabei sein müsse. Nur wenn sie sich im Kreis auf den Stühlen sammeln würden, müsse sie noch dabei sein.

Wenn sich Kinder von den Eltern trennen müssen – in den meisten Situationen von der Mutter – ist das für alle Beteiligten eine große Herausforderung. Trennungssituationen erleben wir häufig in Spielgruppen, Kindertagesstätten, Kindergärten oder zu Beginn der Schule. Es gibt Kinder, die schaffen es problemlos, andere tun sich mit der Trennung schwer. Das Kind fühlt sich nicht sicher, wenn es die Mutter nicht mehr sieht, hört oder körperlich spürt. Es sind meistens Kinder, die schon bei der Geburt eine schwierige Trennung erlebt haben. Solche Situationen, wie jene von Ben, sollten wir auf dem Hintergrund früherer Erlebnisse betrachten:

- *Trennung während der Geburt* durch Periduralanästhesie oder Narkose. Dadurch kann das Kind nicht mehr direkt mit der Mutter kommunizieren, wie es während der Zeit der Schwangerschaft möglich war.
- *Frühe Trennung von der Mutter* unmittelbar nach der Geburt. Das kann geschehen, wenn die Nabelschnur zu schnell durchtrennt wird oder die Mutter sich langen medizinischen Untersuchungen unterziehen muss. Solche frühen Trennungen können für ein Kind sehr belastend und angstbesetzt

sein, weil es noch keinen Zeitbegriff hat. Wenige Minuten können für das Kind eine Ewigkeit bedeuten.

- Häufige *emotionale Abwesenheit der Mutter* während der Schwangerschaft. Dadurch hat sich das Kind bereits im Mutterleib nicht verbunden gefühlt und setzt nun alles daran, dass sich diese Erfahrung nicht wiederholt.
- Ein Elternteil, oft die Mutter, kann das *Kind nicht loslassen*. Es kann sein, dass dies schon während der Schwangerschaft so war. Es kann sein, dass sich eine Frau durch die Schwangerschaft besonders wertvoll fühlt. Das Kind spürt, dass seine Anwesenheit eine große Bedeutung hat und der Mutter zu mehr Selbstwert verhilft. In der prä- und perinatalen Psychologie sprechen wir vom *fötalen Therapeuten* – das Kind ist für die Mutter da. Entsprechend kann sich das Kind später um die Mutter kümmern, indem es große Mühe bekundet, sich von ihr zu trennen. In meiner Praxis achte ich auf die Beziehung zwischen Mutter und Kind. Das Lebensziel des Kindes im symbolischen Sinn ist, sich zu entfalten, zu gehen und sich in die Welt hinauszubegeben. Wenn es aber die Verunsicherung der Mutter spürt, kann es seine Absicht ändern, weil es gleichsam von den Eltern abhängig ist und die Mutter nicht im Stich lassen möchte.
- Die *neue Umgebung ist nicht sicher*. Kinder können sehr feinfühlig auf äußere Umstände der neuen Umgebung in der Spielgruppe, im Kindergarten oder in der Schule reagieren. Der Raum kann zu klein, zu offen, zu unruhig sein, so dass sich das Kind nicht geschützt und behütet fühlt. Zur Sicherheit trägt vor allem die Haltung der neuen Bezugsperson bei. Oft genügt es, wenn sie das Kind von Herzen bedingungslos willkommen heißen kann.

Wie ein siebenjähriger Junge mit seiner Angst umgeht, zeigt die folgende Bilderreihe.

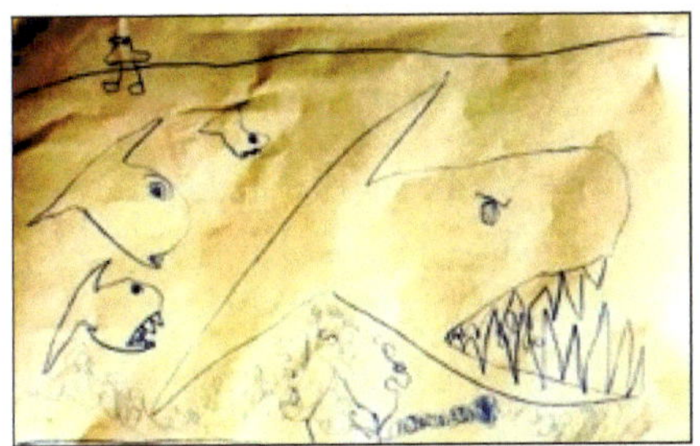

Die Haifische schwimmen grimmig und fressgierig im Wasser. Die angsteinflößenden Zähne sind deutlich gezeichnet.

Der Junge steht auf dem Schiff und lockt die Haifische an. Mit einer langen Angelschnur versucht er, die Fische zu fangen.

Selbstbewusst und mit einem Lachen im Gesicht hat er die Haifische an der Angel. Es erweckt den Eindruck, als ob er die Sache entschieden und überzeugt angeht.

Wie können Eltern und andere Bezugspersonen ein Kind bei herausfordernden Übergängen unterstützen?

Wenn sich ein Kind von der vertrauten Bezugsperson trennen und dabei heftig weinen muss, werden Erwachsene ebenso berührt und fühlen sich in den meisten Fällen hilflos und ohnmächtig. Sie erkennen oft nicht, dass das Kind mit seinem Verhalten eine persönliche Ebene bei ihnen berührt. Dahinter können sich eigene Kindheitserfahrungen in Bezug auf Trennung und Verlassenheit verbergen.

Das wirkt sich dann oft so aus, dass versucht wird, ein Kind abzulenken oder mit einem Geschenk zu vertrösten. Die Bezugspersonen versuchen, das Kind zu zerstreuen und auf andere Gedanken zu bringen. Das Kind sollte z. B. »die abwesende Mutter vergessen«.

Tatsächlich unterstützen wir das Kind, einen herausfordernden Übergang zu meistern, wenn wir seine Gefühle anerkennen.

Ich sehe im Wesentlichen zwei Schritte:

1. Hören wir, was eine Mutter ihrem Kind sagen könnte: »Ich sehe, wie schwierig es gerade für dich ist, dass ich nun gehe und dich bei Frau XY lasse. Ich nehme deine Tränen ernst. Es ist auch für mich schwierig und macht mich traurig, dich loszulassen. Es tut mir leid, dass es so sein muss. Doch ich weiß und bin beruhigt, dass Frau XY gut für dich sorgt und du dich sicher und geschützt fühlen kannst. Ich werde immer wieder an dich denken und freue mich, dich am Abend wieder zu holen.«
2. Die Bezugsperson nimmt das Kind, wie es ist, spiegelt ihm dessen Gefühle und bietet ihm Schutz und Unterstützung an: »Es ist für dich ganz schwierig, Mami jetzt loszulassen und hier zu bleiben. Es tut mir so leid, wenn ich sehe, wie traurig du bist. Du darfst weinen und ärgerlich sein, weil Mami nicht da ist. Ich werde für dich da sein und mit dir und deinen Tränen sein. Ich möchte dir Zeit lassen, dich hier wohl zu fühlen. Wenn du möchtest, könnten wir miteinander spielen oder etwas anderes machen, aber erst, wenn du dazu bereit bist.« Das können schon kleine Kinder verstehen. Die Bezugsperson spricht in guter Verbindung mit sich selbst und schwingt so von innen heraus auf das Kind ein. Das Kind kann gut spüren, ob die Anteilnahme echt oder nur gespielt ist.

Trennungsangst kann als Folge einer Periduralanästhesie oder einer über mehrere Stunden dauernden Trennung von der Mutter ausgelöst werden (English 2015). Heute weiß man, dass die Periduralanästhesie die Verbindung zwischen Mutter und Kind trennen kann. Bei dieser Intervention wird die Ausschüttung verschiedener Hormone gehemmt, was die Verbindung und die Beziehung zwischen Mutter und Kind beeinträchtigen kann. (vgl. Buckley 2009) Gerade bei Trennungsangst wirkt das Anerkennen der jetzigen Gefühle wie eine neue Verbindung. Im Anerkennen zeigt die Bezugsperson, dass sie da ist, wenn das Kind durch eine schwierige Phase hindurchgehen muss. Dadurch kann etwas geheilt werden. Wenn die Mutter weggeht und wiederkommt, erfährt das Kind, dass Mama erreichbar und nicht für immer gegangen ist. Durch die Wiederholung baut das Kind Vertrauen in die neue Bezugsperson auf, wie auch in die Verbindlichkeit der Mutter.

5.7 »Ich passe auf!« – ADHS-Kinder und ihre Erfahrungen

Viele Kinder werden heutzutage als »ADHS«-Kinder (Pschyrembel 2015, S. 24) diagnostiziert. Während meiner Zeit als Schulpsychologe war der Ausdruck POS[4] üblich. Meistens wurden diese Kinder in eine Sonderschule oder Sonderklasse integriert, und die therapeutische Behandlung wurde durch die schweizerische Invalidenversicherung finanziert.

Neuere Forschungen (Dilling et al. 2015, S. 358), die darauf hinweisen, dass ADHS genetisch bedingt sei, stecken noch in den Anfängen. ADHS nur auf die genetische Ursache zurückzuführen, halte ich für zu einseitig. Bekanntlich führen verschiedene Wege nach Rom, und jeder kann der richtige sein. Daher ist es mir ein Anliegen, verschiedene Ebenen gleichzeitig zu berücksichtigen, damit die Kinder jene Unterstützung erhalten, die sie

4 POS wird mit Psychoorganisches Syndrom übersetzt. Es ist eine rein schweizerische Bezeichnung und ist bei der schweizerischen Invalidenversicherung als Geburtsgebrechen anerkannt. Hauptmerkmale sind die Störung der Aufmerksamkeit, die Impulsivität und teils auch die Hyperaktivität.

brauchen. Pädagogen, Psychologen und Eltern, die das Verhalten von ADHS-Kindern genauer beobachten, können durchaus unterschiedliche Quellen erkennen. Verhaltenseigenschaften, die dem ADHS zugeschrieben werden, nämlich gestörte Aufmerksamkeit, Impulsivität und/oder motorische Unruhe (Deutsches Ärzteblatt International 2017), können manchmal einen anderen Ursprung haben.

Ich verweise auf das Beispiel von Lars auf Seite 39. Er zeigt das Bild eines ADHS-Kindes, obwohl die Ursachen in einem anderen Zusammenhang zu sehen sind. Die Geräusche der vorbeifahrenden Züge haben bei Lars möglicherweise Assoziationen zu seiner Erfahrung mit den häufigen Ultraschalluntersuchungen während der Schwangerschaft geweckt.

Kinder, die während der Schwangerschaft immer wieder gestört werden, lernen aufzupassen und aufmerksam zu sein. Sie überwachen den Raum, in dem sie sich aufhalten, und gehen unbekannten Geräuschen nach. Sind Ultraschalluntersuchungen unumgänglich, können die Eltern das Baby darauf vorbereiten. Sie helfen ihm damit, sich besser zu entspannen und dem Schutz durch die Mutter zu vertrauen. Unvorbereitet erlebt das Kind solche Interventionen als Bedrohung und Überfall und übernimmt den Schutz selbst. Damit ist es natürlich überfordert, weil es die Welt um sich herum nicht einschätzen kann.

Eine eindrückliche Erfahrung erzählte mir eine junge Mutter, die ihr Baby auf die Ultraschalluntersuchung vorbereitet hatte. Auf dem Monitor konnte deutlich beobachtet werden, wie der Fötus erst das Köpfchen in Richtung Lärmquelle drehte und anschließend die Ohren mit beiden Unterarmen bedeckte.

Verschiedene Autoren (Mändle, Opitz-Kreuter u. Wehling 2007) weisen darauf hin, dass die Schallwellen für einen Fötus und das ihn umgebende Gewebe nicht unproblematisch sind. Ultraschalluntersuchungen sollten nur gezielt eingesetzt werden. Es gibt sogar Studien, die auf einen Zusammenhang zwischen dem Einsatz von Ultraschall während der Schwangerschaft und der Zunahme von Autismus hinweisen. (Rodgers 2006)

Auch andere Ereignisse während der Schwangerschaft können ein ADHS-ähnliches Verhalten bewirken.

BEISPIEL

Eine Mutter war durch mehrere vorangegangene Fehlgeburten verunsichert und wagte ihrem Körperempfinden nicht mehr zu vertrauen. Deshalb stieß sie immer wieder gegen den Bauch, sobald sich das Baby über eine längere Zeit ruhig verhielt. Sie brauchte eine Bestätigung, dass es wohlauf war. Das Kleine kam dadurch nicht zur Ruhe, sondern musste auf der Hut sein, wenn die nächste Störung von außen kam. In den ersten Sitzungen bei mir verhielt sich das Kind auf ähnliche Weise, war sehr unruhig, reagierte auf jedes Geräusch von außen und konnte sich nicht ins Spiel vertiefen.

Solche Verhaltensweisen kann ich häufig bei Kindern feststellen, die Interventionen während der Schwangerschaft erfahren haben. Solche Interventionen hatten oft zum Ziel, die Eltern zu beruhigen. Einer solchen Intention ist an und für sich nichts entgegenzuhalten. Wesentlich ist jedoch, dass alle Betroffenen einbezogen werden. Die Erfahrung zeigt, dass das Kind dabei häufig vergessen geht. So kann es auch später Intervention als gegen sich gerichtet erleben und nicht als Unterstützung, was wir unter Umständen in der Schule beobachten können. Wenn die Lehrkraft unvoreingenommen dem Kind begegnet, kann sie seine Unruhe besser annehmen. Wie im Beispiel von Lars kann sie das Kind besser unterstützen und ihm Sicherheit und Schutz geben. Damit kann sein Vertrauen in das Hier und Jetzt wachsen.

5.8 Abschied nehmen und loslassen können

Das Wesen des Kindes ist, ins Leben hineinzugehen und seinen Weg zu finden. Es wird sich an einem Ort niederlassen, um ihn nach einer gewissen Zeit wieder zu verlassen. Das Kind besucht die Spielgruppe, den Kindergarten, die Unterstufe, die Mittelstufe, die Oberstufe und weiterführende Schulen. Jedes Mal wiederholt sich das gleiche Ritual. Es nimmt Abschied von vertrauten Bezugspersonen, vom vertrauten Raum und bricht in eine Welt auf, die es noch nicht kennt.

Es ist wie eine Wiederholung der Geburt. Bei der Geburt spürt das Kind, wann es Zeit ist zu gehen, und löst die Geburt aus. Es verlässt den (meistens) sicher erlebten Uterus und kommt – offen und neugierig – in eine Welt, die es noch nicht kennt. Ähnliches geschieht z. B. beim Übergang vom Kindergarten in die Schule. Wie oft höre ich Eltern oder auch Kindergärtnerinnen sagen: »Für das Kind ist es nun Zeit.« Das Kind selbst spürt es und zeigt seine Freude auf das Kommende. Obwohl viele Schulsysteme den natürlichen Entwicklungsschritten des Kindes Rechnung tragen, gibt es Kinder, für welche ein nächster Schritt noch zu früh ist. Die kindliche Entwicklung ist von vielen verschiedenen Faktoren abhängig und verläuft nicht linear. Wenn Eltern und außerfamiliäre Bezugspersonen sich dessen bewusst sind, begegnen sie dem Kind offener und bringen ihm bei Übergängen mehr Verständnis entgegen. Eine Willkommenskultur unterstützt das Kind sowohl am bisherigen wie auch am neuen Ort, den Schritt zu wagen.

So selbstverständlich ein solcher Übergang zu sein scheint, so klippenreich kann er manchmal sein. Erwachsene wie Kinder erleben Gefühle des Loslassens, des Abschieds, der Trauer, der Angst vor dem Neuen, der inneren Spannung auf das Kommende. Wenn Eltern und Lehrkräfte das Kind sehen und seine Gefühle anerkennen, stärken sie seine Absicht, den Übergang zu schaffen. Halten sie ein Kind unbewusst oder bewusst zurück, wird es verunsichert. Es könnte daraus folgern, dass es erst noch etwas – für andere – erledigen müsste. Indem die Lehrperson die schönen wie auch die schwierigen Erlebnisse während der Zeit, in der sie zusammen waren, würdigen kann, lassen die Kinder leichter los. Es lohnt sich, am Ende einer Klasse auf das Vergangene zurückzublicken und die Zukunft anzusprechen.

Rituale tragen dazu bei, dass sich Kinder spontaner und offener auf Fragen einlassen. In solchen Gesprächen kann die Lehrkraft hören, was sie den Kindern an Nährendem, Unterstützendem und Vertrauensvollem mitgegeben hat und was die Kinder möglicherweise vermisst haben.

Solche Fragen dürfen ebenso während des Schuljahres gestellt werden. Damit kann den Kindern der Abschiedsprozess erleichtert werden.

Folgende Fragen an die Kinder können den Übergangsprozess erleichtern:

- Was nimmst du gerne in die neue Klasse mit? Welche Erfahrungen und Erlebnisse?
- Was ist dir in der bisherigen Klasse gelungen?
- Was möchtest du in der bisherigen Klasse zurücklassen?
- Gibt es etwas, das du in der bisherigen Klasse nicht gern hattest?
- Was wünschest du dir in der neuen Klasse?
- Worauf freust du dich in der neuen Klasse?
- Was macht dir Angst, Kummer, Sorgen, wenn du an die neue Klasse denkst?
- Möchtest du, dass ich deine Gedanken der neuen Lehrkraft mitteile?

5.9 Mobbing in der Schule

Mobbing ist ein Phänomen, das im schulischen Alltag leider immer wieder vorkommt. Mobbing[5] *steht im engeren Sinn für Psychoterror am Arbeitsplatz mit dem Ziel, Betroffene aus dem Betrieb hinauszuekeln. Im weiteren Sinn bedeutet Mobbing, andere Menschen, in der Regel ständig bzw. wiederholt und regelmäßig, zu schikanieren, zu quälen und seelisch zu verletzen, beispielsweise in der Schule, am Arbeitsplatz, im Sportverein, im Altersheim, im Gefängnis und im Internet (Cyber-Mobbing). Typische Mobbinghandlungen sind die Verbreitung falscher Tatsachenbehauptungen, die Zuweisung sinnloser Arbeitsaufgaben, Gewaltandrohung, soziale Isolation oder ständige Kritik an der Arbeit.*

---

[5] Die Definition habe ich Wikipedia entnommen und bearbeitet.

Mobbing kann sich in einem offensichtlichen Rahmen abspielen oder sich ganz verdeckt ereignen. Ich möchte mich auf Situationen in der Schule beschränken und bin mir bewusst, dass ich nur ein paar Gedanken zu einem vielschichtigen Problem beisteuern kann.

BEISPIEL

Leonis befindet sich in der fünften Klasse. Er ist ein durchschnittlicher Schüler und eher ein Einzelgänger. D. h. er hat wenig Kontakt zu seinen Klassenkameraden. Die Beziehungen sind daher oberflächlich und beschränken sich auf das Nötigste. Im Unterricht macht er gut mit. Dennoch wird er zunehmend von zwei Kameraden geneckt, bloßgestellt und ausgelacht. Sie erzählen unwahre Geschichten über ihn, ohne dass die Lehrkräfte etwas davon erfahren. Leonis ist zu Hause bedrückt und seiner jüngeren Schwester gegenüber aggressiv. Auf die Fragen der Eltern reagiert er zunächst abwehrend, bis er eines Tages auf seinen Vater zugeht und ihm die Vorkommnisse erzählt. »Ich werde in der Schule immer mehr ausgelacht. Ich möchte, dass du in die Schule kommst und die Situation mit dem Lehrer klärst.« Seine Eltern hören aufmerksam zu, weil sie um die schwierige Geschichte von Leonis zu Beginn seines Lebens wissen. Die Mutter tat sich schwer mit der Schwangerschaft, weil sie noch sehr jung und am Anfang ihres beruflichen Werdeganges war. Heute kann sie erkennen, dass die Beziehung zu ihrem Kind von Beginn weg von Ungewissheit, Unsicherheit und Ambivalenz geprägt war. Es schien, als ob das Kind nicht in ihre Lebensplanung hineinpasste, als ob es noch nicht dazugehörte. Durch die therapeutische Arbeit konnte jedoch die Beziehung der Mutter zu ihrem Sohn im positiven Sinne verändert werden.

Für die Eltern war klar, dass sie sofort mit dem Lehrer Kontakt aufnehmen und die Angelegenheit besprechen würden. Daraus ergab sich ein konstruktives Gespräch des Lehrers mit der Klasse, worauf das Mobbing verschwand.

Leonis hat demnach die Wiederholung eines frühen Bindungsmusters in der Beziehung zur Umwelt erlebt, welches von Ungewissheit und Ambivalenz geprägt war und ihm vermittelt, dass er nicht dazu gehört.

Mobbing ist ein dynamisches Geschehen, welches Kinder nicht allein unter sich regeln können. Wenn in der Schule gemobbt wird, sind die erwachsenen Bezugspersonen, Lehrkräfte und Eltern, besonders herausgefordert, genau hinzuschauen, worauf die Kinder aufmerksam machen. »Täter« und »Opfer« weisen darauf hin, dass sie beide in Not sind. Man kann nicht selten beobachten, dass »Täter« und »Opfer« einen ähnlichen Erfahrungshintergrund haben. In vielen Fällen ist Mobbing eine Wiederholung von frühen Erfahrungen, an welche die Kinder durch die besondere Konstellation in der Schule unbewusst erinnert werden. Dazu gehören Angst- und Schreckerfahrungen oder Erfahrungen von Nichtwillkommensein. Die Kinder fühlen sich aus irgendeinem Grund in der Schule nicht mehr sicher und geschützt.

Mobbing kann ein Hinweis sein, dass Kinder etwas vermissen und Unterstützung brauchen. Eine enge Zusammenarbeit zwischen Schule und Elternhaus ist erforderlich. Dadurch erleben die Kinder, dass ihr Anliegen ernst genommen wird und sie gesehen werden. Echte gegenseitige Unterstützung und Zusammenarbeit verändert grundsätzlich das Klima in der Klasse und in der Schule, so dass Mobbing nur eine geringe Chance hat.

Die unten aufgelisteten Fragen können eine Unterstützung für Lehrkräfte und Eltern sein, um mit Mobbing konstruktiv umzugehen:

- Wie kann Mobbing auf dem Hintergrund der Situation in der Schule und/oder in der Familie verstanden werden?
- Worauf machen die betroffenen Kinder aufmerksam?
- Werden die Kinder in ihrer Art gesehen und ernst genommen?
- Wie könnten die Kinder unterstützt werden, ein konstruktives Verhalten zu entwickeln?

- Wie kann die Zusammenarbeit zwischen Schule und Elternhaus gestaltet werden, damit eine sichere und vertrauensvolle Atmosphäre entsteht?
- Welche Arten der Wiedergutmachung eigenen sich, damit alle »gewinnen«?

6 Lehrkräfte und Eltern unterstützen das Kind

Ich möchte mich nun der Frage zuwenden, wie Lehrkräfte und Eltern die Kinder unterstützen können. Es geht darum, dass Kinder trotz herausfordernder Themen, wie oben beschrieben, wenn möglich in der vertrauten Umgebung bleiben können. Maßnahmen, wie eine Versetzung in eine besondere Schule, können durchaus notwendig werden und Sinn machen. Ich bin jedoch der Auffassung, dass solche Maßnahmen seltener werden, wenn das Verständnis für die Thematik des Kindes und seiner Familie wächst und vertieft wird.

6.1 Bewegliche, achtsame Schule

Die Schule hat einen großen Bildungsauftrag. Dabei stellt sich die Frage, wie sie welche Ziele gewichtet. Meines Erachtens sollte es keine Rangfolge geben. Es müsste möglich sein, verschiedenen Ebenen gleichzeitig gerecht zu werden. Ich würde die Intention einer Schule folgendermaßen umschreiben:

- Die Schule vermittelt in einem Feld der gegenseitigen Unterstützung und Zusammenarbeit soziale, emotionale und geistige Inhalte.
- Lehrkräfte und Schüler, die einander hören und sehen, die bereit sind, sich aufeinander einzulassen, entwickeln tragfähige Beziehungen zu sich selbst und untereinander.
- Kinder können durch schwierige Erfahrungen begleitet werden, ohne die alten Verletzungen zu wiederholen. Dadurch lernen sie einen neuen Umgang mit einem schwierigen Thema.

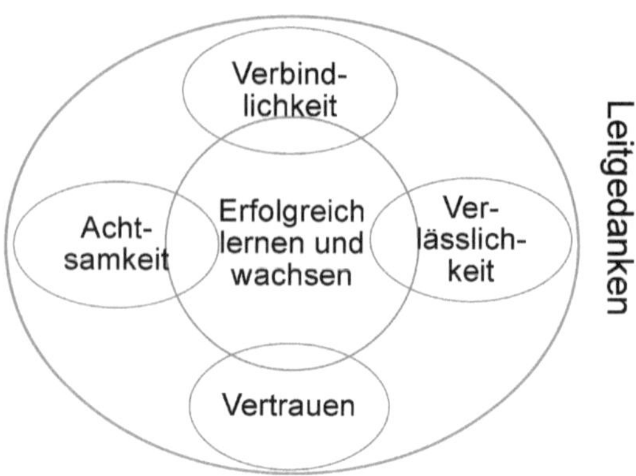

Abb. 4: Pfeiler des Lernens und Wachsens.

- Werte wie Achtsamkeit, Verbindlichkeit, Verlässlichkeit und Vertrauen sind die tragenden Säulen in diesem Lernfeld. (s. Abbildung 4)

Die Schule ist eine Gemeinschaft, die vom gegenseitigen Austausch und vom gegenseitigen Lernen lebt.

6.2 Leitgedanken für ein gesundes Zusammenleben

Kinder brauchen Sicherheit und Schutz. Dies gilt in der Familie wie in der Schule, die ein ausgesprochener Ort der Begegnung ist. Somit gelten dort die gleichen Leitgedanken wie in der Familie. Es sind Leitgedanken, die Sicherheit, Schutz und Entfaltungsmöglichkeiten bieten und Vertrauen wachsen lassen. Ich habe sie von Ray Castellino (s. Anmerkung S. 48), einem Forscher auf dem Gebiet der prä- und perinatalen Psychologie, übernommen und zusammen mit meiner Kollegin, Regina Bücher, für unsere Arbeit mit Familien und Kindern erweitert. Werden diese Leitgedanken gelebt, können sich alle sowohl in der Familie als auch in der Schule sicher und wohl fühlen.

Willkommensein

Jeder Mensch, ob Lehrperson oder Kind, ist willkommen, so wie er ist. Alle haben das Recht, gesehen und gehört zu werden und sich mit ihren Fähigkeiten, Herausforderungen und Gefühlen zu zeigen. Alle verdienen Wertschätzung und Anerkennung.

Das Willkommensein richtet sich nicht nur auf das Gegenüber, sondern gilt in erster Linie sich selbst. Damit nehmen wir ein Grundbedürfnis jedes Menschen ernst. Es baut auf der Erfahrung auf, die fast jeder Mensch bereits während der Schwangerschaft macht: Jemand ist für mich da und will mich. Als Beziehungswesen orientieren wir uns am Gegenüber, dessen Tun und Haltung uns prägen. Zugleich möchten wir gesehen und beachtet werden, so wie wir sind. Dieses »Willkommenheißen« kann vor allem für die Lehrperson in der Praxis eine echte Herausforderung bedeuten, dann nämlich, wenn eine Klasse hinsichtlich kultureller, sozialer, emotionaler und intellektueller Zusammensetzung eine große Streubreite aufweist.

Kinder wollen in den Kindergarten oder in die Schule gehen, weil sie hier anderen Menschen begegnen, mit ihnen spielen und sich austauschen können. In Beziehung gehen ist ein dem Menschen innewohnender Impuls, wie ich oben bereits ausgeführt habe. Die Lehrperson kann diesen Impuls des Zusammenseins fördern und verstärken, indem sie jedem Kind zeigt, dass es gesehen und gehört wird. Erst wenn das Kind negative Erfahrungen macht, beginnt es, sich zurückzuziehen und den Begegnungen zu misstrauen.

Das Willkommenheißen könnte man demnach wie eine Grundströmung in der Begegnung mit anderen Menschen sehen, welche nicht an Bedingungen geknüpft ist. Kinder, die sich willkommen fühlen, können ihre kooperativen Fähigkeiten entwickeln, was ich im nächsten Abschnitt ausführlicher beschreiben werde.

Folgende Fragen können für Lehrkräfte unterstützend und hilfreich sein:

- Wie kann ich mich selbst willkommenheißen?

- Wie zeige ich jedem Kind, dass es willkommen ist, so wie es ist?
- Wie spürt jedes Kind, dass es willkommen ist?
- Wie kann ich sehen und spüren, dass sich jedes Kind willkommen fühlt?
- Wie kann ich für mich selbst Unterstützung holen, wenn ich Mühe habe, ein Kind willkommenzuheißen?

Gegenseitige Unterstützung und Zusammenarbeit

Grundlage dieses Leitgedankens ist das Willkommensein. Jeder Mensch, der sich willkommen fühlt, ist zur Zusammenarbeit und gegenseitigen Unterstützung bereit und offen. Gerade Kinder sind hier gut »abzuholen«. Sie wollen im Unterricht mitmachen. Sie sind bereit, dem andern zu helfen. Sie können ihrerseits darauf zählen, dass auch sie Unterstützung bekommen, wenn sie sie brauchen. Kinder sind sehr wohl bereit, Spielregeln des Zusammenlebens in einer Gemeinschaft einzuhalten und Konsequenzen zu tragen, wenn sie dagegen verstoßen. In solchen Situationen ist es entscheidend, die Kinder auch mit ihrem »Fehlverhalten« anzunehmen.

Jede Person wird in ihren Bedürfnissen, ihrem Sein und ihren Anliegen ernstgenommen. Gleichzeitig geht sie mit den Bedürfnissen und Anliegen der anderen respektvoll um. Den Leitgedanken der gegenseitigen Unterstützung und Zusammenarbeit in Schulen und Klassen wirklich zu leben, könnte zur Folge haben, dass Konflikte und Lernstörungen reduziert werden.

Gegenseitige Unterstützung und Zusammenarbeit gilt ebenso in der Beziehung der Lehrkräfte zu den Eltern der Kinder. Ein von diesem Leitgedanken getragenes Beziehungsnetz kann für alle, besonders für die Lehrkraft, zu einer unschätzbaren Kraftquelle werden.

Folgende Fragen können für Lehrkräfte unterstützend und hilfreich sein:

- Wie kann ich Unterstützung und Zusammenarbeit mit den Kindern fördern?

- Wie können sich die Kinder diese Zusammenarbeit und Unterstützung vorstellen und sie umsetzen?
- Wie geht es mir, wenn ich Zusammenarbeit und Unterstützung durch die Kinder erlebe?
- Wann und wie hole ich mir selbst Unterstützung?
- Wie nehme ich selbst Unterstützung an?
- Wie fördere ich gegenseitige Unterstützung und Zusammenarbeit mit den Eltern der Kinder?

In einem Klima der gegenseitigen Unterstützung und Zusammenarbeit lernen die Kinder Verantwortung zu übernehmen, so wie es sich Gerald Hüther (2016, S. 32) wünscht: »Die Schule müsste den Kindern die Möglichkeit bieten, tolle Dinge zu gestalten. Das heißt: nicht Aufträge erfüllen, sondern gemeinsam mit anderen etwas lustvoll entwickeln. Nur wenn Menschen in der Schule schon Gelegenheit hatten, für sich und andere Verantwortung zu übernehmen, gerne auch für den eigenen Lernprozess, sind sie dazu auch später in der Lage.«

Eine Wahl haben

Dieser Leitgedanke kann letztlich nur auf dem Hintergrund einer Atmosphäre des Willkommenseins und der gegenseitigen Unterstützung und Zusammenarbeit verstanden und eingeordnet werden. Er ist in der Schule eher wenig bekannt und kann zu Missverständnissen führen. Er gibt Lehrpersonen wie auch Kindern die Möglichkeit Nein zu sagen, wenn sie sich in einer Situation überfordert fühlen oder mit etwas nicht zurechtkommen. Es kann Situationen im gegenseitigen Kontakt, in der Art der Begegnung oder in den schulischen Anforderungen geben, die für Kinder und Lehrpersonen schwierig sind. Viele Kinder reagieren mit einem spontanen Nein. Dahinter verbergen sich oft andere Gefühle und Erfahrungen, die mit der gestellten Anforderung nur bedingt etwas zu tun haben. Das kann Angst, Unsicherheit, Unlust, Unmut oder eine Spiegelung der häuslichen Situation sein. Das Nein kann Kinder in eine Ambivalenz versetzen, weil sie einerseits Ja sagen möchten, aber aus den oben erwähnten Überlegungen heraus noch nicht können. In den meisten Fällen möchten die Kinder einfach gesehen und gehört werden. Sie möchten spüren, dass ihr Nein bei der anderen Person angekommen ist. Das ist ein unbewusster Prozess. Spüren die Kinder, dass sie mit ihrem Nein willkommen sind, öffnen sie sich leichter für den nächsten Schritt, nämlich zur Zusammenarbeit.

Wenn Kinder »Nein« sagen, bedeutet es nicht von vorneherein, dass sie etwas nicht tun wollen. Wenn dem so wäre, könnte ich jede Lehrkraft verstehen, wenn sie mit diesem Leitgedanken nicht einverstanden ist. Meine Erfahrung zeigt jedoch, dass es oft genügt, wenn z. B. das Kind hört, dass sein Nein bei der Lehrkraft angekommen ist. »Ich höre dich, und es kommt bei mir an, dass du diese Aufgaben nicht machen möchtest. Jetzt wollen wir schauen, was wir tun können und was du brauchst, damit du dich dennoch an diese Aufgabe heranwagst.« Ich erlebe öfters Kinder und Erwachsene, die sich mit einem »automatischen Nein« vor etwas schützen, das sie nicht benennen können. Es sieht so aus, als ob die Kinder erst Nein sagen müssen, bevor sie kooperieren und »Ja« sagen können. Eine hilfreiche Voraussetzung ist, dass sie sich gesehen und gehört fühlen und ihr Nein willkommen ist.

Das Nein ist dann besonders wichtig, wenn Kinder auf eine Art miteinander umgehen, die schmerzlich oder überwältigend erlebt wird. Jedes Kind sollte in solchen Situationen deutlich spüren, dass sein Nein geschützt wird. Es muss nicht tun, was andere von ihm verlangen oder was in der Klasse üblich ist. Es gibt nämlich Kinder, die sich unter dem Gruppendruck anpassen und nicht mehr zu sich stehen, aus Angst bloßgestellt und gedemütigt zu werden.

Gefühle sind individuell. Wir können diesbezüglich nicht alle Menschen über den gleichen Leisten schlagen. Ziel bleibt, die Gefühle bei jedem Menschen ernst zu nehmen und dafür zu sorgen, dass ein für alle begehbarer Weg gefunden werden kann.

Ich verstehe, wenn Lehrpersonen zu bedenken geben, dass ein solches Aushandeln viel Zeit brauche. Das kann jedoch täuschen. Widerstände bei den Kindern werden seltener, wenn sie spüren, dass sie in der Klasse bedingungslos willkommen sind. Wenn sie nicht gesehen und gehört werden, gehen sie oft innerlich in den Widerstand. Sie machen äußerlich zwar mit, fallen jedoch wieder ins Nein zurück oder weichen aus. Diese Kinder ins Boot zu holen, braucht letztlich viel mehr Zeit.

Folgende Fragen können für Lehrkräfte unterstützend und hilfreich sein:

- Wie pflege ich eine Kultur der Wahl?
- Wie geht es mir beim Nein des Kindes? Was berührt es aus meiner Geschichte?
- Wie kann ich mit dem Kind einen einvernehmlichen Weg finden?
- Wie lebe ich selbst das Nein in meinen Beziehungen?
- Wie wurde und wird mit meinem Nein in der Schule umgegangen?

Wenn Kinder die Möglichkeit der Wahl haben, wird ihre Motivation und Freude am Lernen gestärkt. Dass dies in unserer Zeit wichtig ist, bestätigt Gerald Hüther, wenn er im erwähnten Interview meint: »Das Problem ist doch, dass wir keine Ahnung haben, was jemand in zwanzig Jahren wissen muss. So unsicher wie heute war das noch nie. Das, was aber auf jeden Fall gebraucht wird, ist Freude am Lernen, Lust darauf, sich etwas Neues anzueignen.« (Hüther 2016, S. 33)

Der Leitgedanke der Wahl ist besonders im zwischenmenschlichen Bereich wesentlich. Kinder, wie auch Erwachsene, dürfen Nein sagen, wenn etwas im sozialen Kontakt nicht stimmt. Der Gruppendruck in einer Klasse kann es für einzelne Kinder schwierig machen, für sich selbst einzustehen. Deshalb brauchen sie die Unterstützung der Erwachsenen. In der Schule können Kinder auf gute und effiziente Weise erleben, wie bereichernd es ist, zu sich selbst zu stehen. Im Sinne der gegenseitigen Unterstützung und Zusammenarbeit respektieren sie sowohl ihre eigenen Grenzen als auch die Grenzen der anderen.

Augenkontakt

Gerade bei kleinen Kindern können wir erleben, wie sie mit der Umgebung in Augenkontakt gehen. Sie suchen die Augen der Bezugsperson. Darin möchten sie sehen, ob sie willkommen sind, ob jemand da ist. Über den Augenkontakt können sie spüren, dass die andere Person wirklich da ist.

Beim Augenkontakt wird im Gehirn das »Glückshormon« Serotonin ausgeschüttet. Serotonin ist auch ein Neurotransmitter und bewirkt ein Gefühl der Gelassenheit, der inneren Ruhe und Zufriedenheit. Zugleich dämpft es Angstgefühle, hemmt Impulsivität und aggressives Verhalten, lindert Kummer und Hungergefühl. Diese Eigenschaften könnten dem sozialen Gefüge einer Klasse durchaus gute Dienste leisten. Es könnte z. B. dazu führen, dass aggressives Verhalten in der Klasse verringert wird. Den Kindern bei der Begrüßung und während des Unterrichts bewusst in die Augen zu blicken, kann das Willkommensein verstärken. Es ist selbst für die Lehrperson motivierend und stärkt die Beziehungen.

Folgende Fragen können für Lehrkräfte unterstützend und hilfreich sein:

- Wie pflege ich den Augenkontakt in meiner Klasse?
- Wie geht es mir persönlich mit dem Augenkontakt?
- Wie unterstütze ich die Kinder für einen gegenseitig wohlwollenden Augenkontakt?
- Sehe ich die Kinder wirklich?
- Setze ich Rituale ein, um den Augenkontakt zu fördern?

Geleitete Aufmerksamkeit und körperlicher Kontakt

Für Kinder ist Körperkontakt wesentlich. Dieses Bedürfnis zeigen sie auch in der Klasse. Jede Lehrkraft ist gefordert, genau hinzuspüren, ob und wie ein Kind körperliche Unterstützung brauchen könnte. Sie muss sich der eigenen Bedürfnisse bewusst sein, damit die Grenzen zwischen ihr und dem Kind klar bleiben und nicht verwischt werden. Die Integrität des Kindes hat oberste Priorität.

Es gibt Kinder, die manchmal nur über körperliche Berührung erreichbar sind. Das möchte ich an einem praktischen Beispiel zeigen:

BEISPIEL

Das Kind befindet sich in einer schwierigen Situation und scheint unerreichbar. Die Lehrkraft möchte es berühren und gleichzeitig die Grenzen wahren. Sie lenkt ihre Aufmerksamkeit zum Kind und wird ihm mitteilen, was sie tun möchte: »Ich würde dich gerne an der Schuler berühren. Ist es ok?« Handelt sie langsam, kann das Kind spüren, ob es die Berührung wirklich möchte und damit einverstanden ist.

In ähnlicher Weise geht die Lehrperson vor, wenn sie die Berührung lösen möchte: »Ich löse meine Hand von deiner Schulter. Ist das ok?« Dabei wartet sie, bis das Kind dazu bereit ist. Erst nachdem sie die Hand weggenommen hat, nimmt sie die Aufmerksamkeit vom Kind weg.

Kinder brauchen die Unterstützung der Lehrkraft, dass sie jederzeit Nein sagen dürfen, wenn sie den Körperkontakt nicht wollen. Vgl. dazu den Leitgedanken der Wahl. Eine achtsame und langsam ausgeführte Berührung baut Sicherheit auf. Kinder lernen zu vertrauen, dass nichts Unerwartetes kommt und sie nicht überfallen werden.

Folgende Fragen können für Lehrkräfte unterstützend und hilfreich sein:

- Welche Erfahrungen habe ich in meiner Kindheit und Jugendzeit mit körperlichen Berührungen gemacht?
- Wie spreche ich mit den Kindern über körperlichen Kontakt?
- Wie unterstütze ich achtsamen Körperkontakt?
- Wie schütze ich die Kinder vor unangekündigten Körperkontakten?
- Wie gehen die Kinder mit Körperkontakt untereinander um?

Innehalten und Pausen einlegen

Eine Klasse ist ein lebendiger Organismus, in welchem sich die Menschen gegenseitig animieren und beeinflussen. So kann es immer wieder geschehen, dass die Lehrperson einschreiten muss, wenn die Situation in der Klasse zu überborden droht. Oft sind

Kinder und Lehrperson aus irgendeinem Grund so aktiviert, dass ein gesundes Miteinander nur schwer möglich ist und der Kontakt untereinander verloren geht. Innehalten und langsam werden ist eine gute Möglichkeit, damit sich Lehrperson und Kinder wieder sammeln und auf ihre Aufgabe konzentrieren können.

Pausen einlegen ist dann erforderlich, wenn

- die Lehrperson sich überfordert fühlt oder den Überblick verliert,
- die Kommunikation zwischen der Lehrkraft und den Kindern oder die Kommunikation der Kinder untereinander nicht mehr möglich ist,
- die Sicherheit in der Klasse nicht mehr gewährleistet ist.

Häufig ermahnt die Lehrperson die Schüler: »Seid mal still!« oder »Beruhigt euch wieder!« Anstelle von Anweisungen an das »Du« (Du-Botschaften) könnte die Lehrperson mit folgenden Worten von sich selber sprechen:

- »Ich brauche gerade eine Pause. Ich muss erst mal innehalten.«
- »Ich möchte es langsamer angehen.«
- »Mir wird es gerade zu viel.«
- »Ich kann euch besser hören, wenn es leiser ist.«

Damit gibt die Lehrperson den Kindern ein Beispiel, wie sie mit herausfordernden Situationen umgeht und gut für sich selbst sorgt. Das nimmt Druck weg, und der Wille zur Zusammenarbeit wird gestärkt.

Folgende Fragen können für Lehrkräfte unterstützend und hilfreich sein:

- Wie gelingt es mir selbst langsam zu werden?
- Wie erreiche ich die Kinder, damit sie das Tempo herunterfahren können?
- Welches Umfeld schaffe ich, damit Verlangsamen möglich wird?

- Wie schaffe ich es, in meine eigene Mitte zu kommen?

Für Kinder ist es wegweisend, wenn die Lehrperson gut für sich sorgt. Diese Erfahrung mache ich auch mit Familien. Die Kinder fühlen sich wohl, wenn die Eltern gut für sich sorgen. Das verstärkt das Gefühl von Sicherheit.

Ich möchte eine Übung[1] vorstellen, wie wir gut für uns sorgen und in die eigene Mitte kommen können:

Setzen Sie sich bequem auf einen Stuhl. Sie können, wenn Sie mögen, die Augen schließen. Ich wähle für die Übung die Du-Form.

- Nimm wahr, wo dein Körper mit der Sitzunterlage und dem Boden Kontakt hat. Spüre deine Füße, die Sitzbeinhöcker, das Steißbein. Nimm von da die Verbindung zum Boden unter dir und noch tiefer die Verbindung zur Erde wahr. Spüre, dass du von der Erde getragen bist. Verweile etwas damit.
- Geh nun in deinem Körper hoch in den Kopf zu einer Stelle, die sich einigermaßen angenehm anfühlt. Von dort verbinde dich mit dem, was über dir ist, und spüre die Verbindung mit dem Himmel, der Atmosphäre über dir. Verweile wiederum ein paar Sekunden.
- Nun wandere innerlich von dieser Stelle im Kopf durch den Innenraum, den Mittelraum deines Körpers, zur Rückseite. Nimm die gesamte Rückseite deines Körpers wahr, dass sie da ist, unten den Raum dahinter.
- Nach einer Weile bewege dich durch den Mittelraum deines Körpers zur Vorderseite deines Körpers und nimm sie als Ganzes wahr und den Raum davor.
- Geh wiederum nach einer Weile durch den Mittelraum zu deiner rechten Körperseite und nimm sie wahr und den Raum zur Rechten.
- Geh von dort durch den Mittelraum zur linken Körperseite und nimm sie wahr und den Raum zur Linken.

[1] Diese Übung wird von Ray Castellino und anderen Lehrern in der Craniosacralbehandung praktiziert.

- Von der linken Körperseite geh in den Mittelraum deines Körpers. Nimm von da das Innen deines Körpers wahr.
- Geh nun vom Innen zum Außen deines Körpers, nimm es wahr und verweile damit.
- Geh wieder in den Mittelraum deines Körpers und lass dich entsprechend der Schwerkraft an eine Stelle deines Körpers sinken, wo du Stille wahrnimmst oder wo es gerade am stillsten ist. Verweile ein paar Sekunden.
- Nun öffne die Augen, falls du sie zur Übung geschlossen hast, und nimm die Umgebung wahr, in welcher du dich gerade befindest. Vielleicht ist es das Klassenzimmer, dein Arbeitszimmer oder das Wohnzimmer zu Hause. Spüre die Vertrautheit, die Sicherheit und, wenn andere Menschen im Raum sind, das Verbindende unter den Menschen.

Diese Übung unterstützt die Lehrperson, mit sich und den eigenen Ressourcen verbunden zu sein. Durch häufiges Anwenden lernt das autonome Nervensystem den Ablauf. Schon nach kurzer Zeit reicht es, wenn wir an die Übung denken. Der innere Ablauf geschieht von selbst, und wir nehmen unsere Mitte wahr. Von der Mitte aus können wir den Menschen begegnen und bleiben gleichzeitig in Verbindung mit uns selbst.

Selbstfürsorge

In diesem Leitgedanken geht es darum, an all die Dinge im Alltag zu denken, die dazu beitragen, sich gut, ausgeglichen und präsent zu fühlen. Es geht zum Beispiel um Essen, Trinken, genügend Schlaf- und Ruhezeiten, entspannte Sitzhaltung oder den Gang zur Toilette. Heute ist es üblich, dass die Kinder eine Trinkflasche bei sich haben, damit sie im Unterricht genügend Flüssigkeit zu sich nehmen.

Zur Selbstfürsorge zähle ich auch die Möglichkeit eines Kindes, sich bei Bedarf zu bewegen oder sich in die geschützte Ecke des Klassenzimmers zurückziehen zu können. Ich habe diesen Ort oben (s. oben S. 37) ausführlich beschrieben.

Wenn alle im beschriebenen Sinne gut für sich sorgen, ist es letztlich eine Ressource, die der ganzen Klasse zugute kommt.

Folgende Fragen können für Lehrkräfte unterstützend und hilfreich sein:

- Wie lebe ich Selbstfürsorge für mich?
- Wie können die Kinder von mir lernen, gut für sich zu sorgen?
- Wie könnte ich den Rückzugsort mit der Klasse zusammen gestalten?
- Wie kann ich einzelnen Kindern bei Bedarf Möglichkeiten zur Bewegung anbieten und dabei gleichzeitig diejenigen Kinder schützen, die Ruhe brauchen?

Vertraulichkeit

Es gibt Dinge in der Familie, wie auch in der Klasse, die nur für einen kleinen Kreis bestimmt sind. Ereignisse oder Vorkommnisse sollen geschützt bleiben und nur unter bestimmten Voraussetzungen nach außen getragen werden. Um etwas an andere weitergeben zu können, braucht es die Einwilligung aller, die in dieser Angelegenheit beteiligt sind. Dies gilt in erster Linie bei Vorkommnissen in der Klasse, bei denen Spielregeln verletzt werden oder Fragen zum Verhalten eines Kindes auftauchen. Sollen Ereignisse den Eltern oder anderen Bezugspersonen mitgeteilt werden, müssen alle damit einverstanden sein – auch das betreffende Kind. Bis das Kind dazu Ja sagen kann, braucht es manchmal Zeit und Geduld. Wenn die Erwachsenen bereit sind, diese Zeit zu investieren, spürt das Kind, dass es ernst genommen, geschützt und gesehen wird. Das Kind erlebt, dass es für die Lösung des Problems willkommen und wichtig ist. Es lernt, Konflikte und Probleme ohne moralischen Druck zu lösen.

BEISPIEL

Der Lehrkraft fällt auf, dass ein Kind immer wieder verspätet zum Unterricht erscheint. Dessen Erklärungen scheinen ihr widersprüchlich. Das Gespräch mit dem Kind führt zu keiner Veränderung. Deshalb spricht sie mit ihm über ihr Anliegen: »Seit einigen Tagen kommst du verspätet in den Unterricht. Ich möchte mit deinen Eltern darüber sprechen, wie wir dich unterstützen können, rechtzeitig da zu sein. Ich möchte es jedoch nur mit deinem Einverständnis tun.« Dieses Vorgehen kann für ein Kind neu sein, weshalb es sich vielleicht weigern oder nein sagen wird. Es könnte denken: »Was passiert zu Hause, wenn die Eltern davon Kenntnis haben?« Umso wichtiger ist es, dass das Kind von der Lehrkraft hört, was sie für sich selbst, was sie für die Situation des Kindes möchte, bevor sie mit den Eltern spricht. Sie möchte ihm aufzeigen, dass sie es nicht bloßstellen, sondern in der Zusammenarbeit mit den Eltern für sich und das Kind Unterstützung holen will.

Hier sehe ich eine große Herausforderung. Kinder, die sich nicht an die Regeln halten, machen leider oft die Erfahrung, dass sie nicht geschützt, sondern an den Pranger gestellt werden. Mit ihrem Verhalten weisen sie darauf hin, dass sie in Not sind und Schutz brauchen. In solchen Situationen erfordert es Zeit, damit ihre Bereitschaft wachsen kann und sie offen werden, angst- und schambesetzte Dinge anzugehen.

Die Vertraulichkeit gilt auch im Lehrerteam. Was im Lehrerteam zur Situation eines Kindes oder einer Familie ausgetauscht wird, muss vertraulich behandelt werden und darf das Besprechungszimmer ohne Erlaubnis der Betroffenen nicht verlassen. Oft werden Informationen recht unbedacht verbreitet. Ich bin mir bewusst, dass noch verschiedene andere Ebenen eine Rolle spielen, die im Rahmen einer Lehrerteamsitzung besprochen werden sollten. Trotzdem geht es darum, die Persönlichkeit jeder Lehrperson, jedes Kindes und das Vertrauensklima jeder Klasse zu schützen.

Folgende Fragen können für Lehrkräfte unterstützend und hilfreich sein:

- Wie schütze ich das Kind bei schwierigen Informationen?
- Wie gehe ich mit dem Nein des Kindes um?
- Wie kann ich den Kindern zeigen, dass wir uns gegenseitig schützen und die Intimität in der Klasse beachten wollen?
- Wie wird die Vertraulichkeit im Lehrerzimmer gelebt?

Diese Leitgedanken tragen dazu bei, Lehrpersonen, Schüler und Klassen als Einheit zu stärken und das gegenseitige Vertrauen zu vertiefen. Werden die Leitgedanken wirklich umgesetzt und gelebt, sind sie eine große Ressource, bei der sich alle wohl, sicher und geschützt fühlen.

6.3 Im Dialog mit den Kindern

Lehrerinnen und Lehrer, die oft mit den Schülern zusammensitzen und sich nach ihrem Befinden erkundigen, lernen diese besser kennen. Dazu erachte ich den regelmäßig stattfindenden Klassenkreis als besonders geeignet. Die Lehrkraft erfährt vom Leben der Kinder mitsamt den Gefühlen. Sie erfährt, wie die Schüler sie als Lehrkraft sehen und erleben, und fördert dabei die gegenseitige Zusammenarbeit und Unterstützung. Die Kinder sollen spüren, dass sie sich der Lehrperson gegenüber kritisch äußern, ihre Wahrnehmung mitteilen dürfen und dafür Anerkennung und Wertschätzung erfahren. Weil Wahrnehmungen subjektiv sind, sollen alle Sichtweisen gleichwertig sein. Es geht darum, die dem Kind eigene Wahrnehmung anzuerkennen und als Chance für Veränderung aufzunehmen. Innerhalb der oben beschriebenen Leitgedanken erhalten jene der Wahl und der Vertraulichkeit eine besondere Bedeutung. Kinder sollen selbst entscheiden, was sie mitteilen möchten. Ebenso kann die Lehrperson sagen, wie es ihr mit den Kindern geht, was sie im Kontakt der Kinder untereinander beobachtet und was sie sich im Sinne einer guten gegenseitigen Verbindung wünscht.

Folgende Fragen können für Lehrkräfte unterstützend und hilfreich sein:

- Wie geht es euch in meiner Klasse?
- Was macht euch in der Klasse besonders Freude?
- Was macht euch Sorgen? Was bedrückt euch?
- Wie erlebt ihr mich im Unterricht? Wie erlebt ihr meinen Umgang mit euch?

- Was würdet ihr tun, wenn ihr an meiner Stelle wäret? Welche Lösungsmöglichkeiten könntet ihr euch vorstellen?
- Was findet ihr nicht gerecht?
- Wann und wie fühlt ihr euch gesehen und gehört?
- Was könnten wir alle für ein gutes Zusammenleben beitragen?
- Wie geht es mir in der Begegnung mit den Kindern?

Die Lehrperson beweist Mut, die Meinungen und Beobachtungen der Kinder einzuholen. Im Sinne der gegenseitigen Unterstützung und Zusammenarbeit und des persönlichen Wachsens ist es ein effizienter Weg, die Beziehungen in der Klasse zu stärken.

Die Kinder fühlen sich ernst genommen, wenn sie über sich nachdenken und von sich erzählen können – und nicht über andere. Sie fühlen sich ernst genommen, wenn sie am Ende einer Stunde, eines Morgens oder eines Tages gefragt werden, welche neuen Erfahrungen sie für sich mitnehmen.

Kinder sind gute Beobachter. Ihre Mitteilung ist äußerst selten gegen die Lehrperson persönlich gerichtet, obwohl es manchmal danach aussieht. Gelingt es der Lehrkraft, die Aussagen nicht persönlich zu nehmen, kann sie die Ehrlichkeit der Kinder und den wahren Gehalt der Mitteilung gut annehmen. In solchen Momenten spielen Übertragung und Gegenübertragung eine wesentliche Rolle. Ich werde dieses alltägliche Geschehen unten ausführlicher beschreiben.

Kohn schreibt passend dazu: »Kinder blicken auch dann zu uns auf, wenn wir unsere Grenzen zugeben, wenn wir aus dem Herzen zu ihnen sprechen und wenn sie sehen können, dass wir ungeachtet all der Privilegien und der Weisheit des Erwachsenseins einfach Menschen sind, die sich bemühen, den eigenen Weg in der Welt zu finden, das Richtige zu tun, die Bedürfnisse von Menschen abzuwägen und stetig zu lernen – genau so, wie sie es tun.« (Kohn 2016, S. 147)

Der gegenseitige Austausch fördert das Beziehungsverhalten der Kinder und unterstützt das, was Gerald Hüther als zentral für die heutige Schule sieht: »Beziehungsfähigkeit ist also eine weitere wichtige Schlüsselqualifikation für das 21. Jahrhundert, zu der die Schulen beitragen sollten.« (Hüther 2016, S. 34)

6.4 Umgang mit verletzenden Äußerungen

Es kann in der Schule immer wieder Situationen geben, in welchen ein Kind »ausrastet«, außer sich ist und Lehrkraft und/oder Mitschüler mit verletzenden Worten beschimpft. Das kann die Beziehungen sehr belasten. Die Lehrperson ist gefordert, so mit der Situation umzugehen, dass letztlich beide Seiten gewinnen und die Beziehung untereinander gestärkt wird. Ich möchte dazu ein paar Überlegungen anstellen, die den Weg zu einer gelingenden Lösung ebnen können.

Kinder meinen es nicht persönlich

> *Ein Kind wird sehr wütend, weil es eine Aufgabe erledigen muss, und beschimpft daher die Lehrkraft. Wenn sie es schafft, die Wut anzuerkennen, ohne auf den Inhalt einzugehen, hat sie schon einen ersten Schritt zur Entspannung getan: »Es kommt bei mir an, wie aufgebracht du bist, wenn du die Aufgabe lösen sollst. Ich möchte, dass du es trotzdem versuchst, und werde dich dabei unterstützen.« Die Lehrkraft reagiert somit nicht mit dem bekannten »So sprichst du nicht mit mir!«, was nachvollziehbar wäre. Sie spricht das Gefühl an, das die Handlung begleitet und lässt es erst einmal dabei bewenden. Sie gibt dadurch sich und dem Kind Raum und Zeit und vermeidet Druck.*

Reaktionen eines Kindes in der erwähnten Weise lassen auf seelisches Unwohlsein schließen und können verschiedene Gründe haben: Bedrohung, Angst, übermäßiger Druck, Überforderung oder Spannungen im zwischenmenschlichen Bereich.

Wir dürfen davon ausgehen, dass weitaus die meisten Kinder und Jugendlichen ihren Lehrerinnen und Lehrern mit einer positiven Grundhaltung begegnen. Sie haben ihre Bezugspersonen zu gern, als dass sie sie persönlich angreifen würden.

Schimpfwörter können sehr verletzen. Die »Schwamm darüber«-Methode bringt nur kurzfristige Entspannung. Das Kind spürt, dass es etwas getan hat, das nicht in Ordnung ist. Hinter dem Vorgefallenen steckt ein Hilferuf, auf den die Lehrkraft in einem Gespräch mit dem Kind eingehen wird. Sie tut dies jedoch erst, wenn etwas Zeit verstrichen ist, das Kind sich beruhigt hat und zuhören kann. Das kann durchaus einen oder mehrere Tage später sein. Voraussetzung für das Gespräch ist jedoch, dass die Lehrperson innerlich an einem guten Platz und im Einklang mit sich selbst ist. Es geht nicht darum, dem Kind aufzuzeigen, was es falsch gemacht hat. Das spürt es selbst aufgrund der Gepflogenheiten in der Klasse. Das Gespräch sollte aus dem Erleben der Lehrperson heraus entstehen: »Ich kann gut annehmen, dass es dich wütend macht, wenn ich dich zu etwas auffordere, was für dich schwierig scheint. Es ist völlig in Ordnung, dass du deinen Unmut zeigst. Gleichzeitig tut das weh, wenn du Wörter wie neulich gebrauchst. Ich wünsche mir, dass du deine Gefühle zeigst, ohne anderen wehzutun. Ich traue es dir zu.«

Das Kind spürt, dass es mit seinen Gefühlen angenommen ist und erfährt gleichzeitig Grenzen, an denen es sich orientieren kann. Dadurch fällt es ihm leichter, sein Verhalten zu ändern.

Kinder, die sich mit Vehemenz für oder gegen etwas wehren, verfügen meistens über eine große Widerstandskraft. Sie geben nicht auf. Sie bleiben dran, was für Lehrkräfte herausfordernd sein kann. Jedoch zeigen sie durch ihr Verhalten, dass sie einen Weg suchen, ihn aber noch nicht gefunden haben. Dazu brauchen sie Unterstützung und fordern diese auf eine oft eher unkonventionelle Art ein. Weiter oben habe ich beschrieben, was bei Kindern in diesen Momenten berührt sein kann (Einleitung der Geburt, Kaiserschnitt, ...). Damit sich die Kinder in solchen Gefühlszuständen wieder regulieren können, brauchen sie Zeit. Wesentlich ist dabei die Grundhaltung, dass sie bedingungslos willkommen sind, selbst wenn Spielregeln verletzt werden. Aus dieser Haltung heraus wird es Wege geben, dass das scheinbare Fehlverhalten in die richtigen Bahnen wachsen kann. Das Anerkennen des »Neins« ist ein erster richtungweisender Schritt.

Positive Eigenschaften entdecken

Ein Kind stört kurz nach Beginn des Unterrichts und lenkt die anderen Kinder ab. Die Lehrkraft geht auf das Kind zu und sagt: »Ich habe gesehen, wie du dich heute Morgen bemüht hast, ruhig zu bleiben und mitzumachen. Etwas muss geschehen sein, dass es nun anders gelaufen ist. Ich zähle auf deine Unterstützung und möchte, dass du die begonnene Arbeit ruhig zu Ende führst und deine Kameraden in Ruhe lässt.«

Selbst wenn das Verhalten eines Kindes nicht den Erwartungen der Lehrkraft entspricht, kann sie bei ihm positive Eigenschaften entdecken und anerkennen.

Zu oft sind Erwachsene auf das Fehlende fixiert oder auf das, was falsch ist. Wir sprechen dann von defizitorientierter Haltung. Ein Kind kann kaum alles falsch machen. Bei genauem Hinsehen zeigen sich bei jedem Kind wertvolle Ansätze. Es ist Aufgabe der Lehrkraft, Grenzen zu setzen und Leistung einzufordern. Dennoch sollte der Weg – und nicht das Resultat – im Mittelpunkt stehen.

Klare Grenzen

Während einer Stillbeschäftigung sprechen einige Kinder miteinander, was der Lehrkraft missfällt. Erst jetzt realisiert sie, dass sie zu Beginn der Arbeit den Rahmen, wie sie sich verhalten sollen, nicht klar festgelegt hat. Deswegen sind die Kinder verunsichert. Sie hält inne und orientiert die Kinder nochmals: »Bei der kommenden Arbeit möchte ich, dass jedes Kind still für sich allein arbeitet. Wenn ihr Fragen habt, dürft ihr mich rufen.« Da sich ein Kind trotzdem nicht an ihre Anweisung hält, wendet sie sich ihm zu: »Ich sehe, dass du dich mit deinem Nachbarn unterhältst und meine Anweisung vermutlich nicht bis zu dir vorgedrungen ist. Hast du gehört, dass wir in Ruhe arbeiten.«

Wenn Grenzen in einer bestimmten Situation immer wieder verändert werden oder unklar sind, können Kinder daraus schließen, dass Abmachungen verhandelbar sind. Die Lehrperson kann in einen Erklärungsnotstand geraten und dadurch die Verunsicherung in der Klasse verstärken.

Klare Grenzen haben viele Vorteile:

- Klare Grenzen geben den Kindern grundsätzlich Sicherheit und Vertrauen, auch wenn diese im Augenblick nicht angenehm sind.
- Klare Grenzen bedeuten, dass die Kinder der Lehrperson vertrauen, sich auf sie verlassen und sich sicher fühlen können.
- Klare Grenzen unterstützen jene Kinder, die sich schwertun, ein Spiel oder eine Aufgabe zu beginnen oder zu beenden.
- Klare Grenzen sind ein Werkzeug der Verbindlichkeit. Die Kinder können sich auf das Vereinbarte verlassen.
- Trotzdem dürfen Grenzen revidiert werden, wenn neue Umstände dies erfordern. Das bedeutet, dass die Lehrkraft genau beobachtet und offen bleibt.

»Überfälle« vermeiden

Die Lehrkraft kommt in die Klasse mit den Worten: »Nehmt das Rechenbuch hervor und schlagt Seite 27 auf!« Patrick ist noch nicht bereit und findet das Buch nicht. Es sieht aus, als ob er die Anweisung nicht gehört hätte. Während sich die andern Kinder an die Arbeit machen, bleibt er passiv. Es wirkt, als ob er von der Anweisung überfahren worden ist. Die Lehrperson nimmt das Verhalten wahr und geht auf Patrick zu: »Ich merke, dass ich dich mit meiner Anweisung überrumpelt habe und du noch nicht bereit bist. Dein ›Nein‹ kommt bei mir an. Ich höre es und nehme wahr, dass der Wechsel für dich zu schnell kam. Das tut mir leid.«

Es gibt Kinder, welche Aufforderungen wie einen Überfall erleben. Sie sind vielleicht noch mit etwas anderem beschäftigt und auf den Wechsel nicht vorbereitet. Besonders Kinder, die während Schwangerschaft oder Geburt unvorbereitet Interventionen erlebt und nicht verarbeitet haben, reagieren oft mit einem »automatischen Nein«. Es ist, als ob sie sich mit dem Nein schützen möchten. In ihrer frühen Erfahrung wurden sie nicht in das Geschehen miteinbezogen. Somit haben sie unbewusst Angst vor einer Wiederholung. Wenn eine Lehrkraft das »Nein« anerkennen kann, lenken die Kinder meistens schon nach kurzer Zeit ein und sind für eine Zusammenarbeit bereit. Für viele Kinder ist es hilfreich, wenn die Lehrkraft einen geplanten Übergang ankündigt und sie darauf vorbereitet.

Verhalten beschreiben

> *Ein Junge geht auf ein anderes Kind los und schlägt es ins Gesicht. Die Lehrkraft beobachtet es und spricht die Kinder an: »Ich habe gerade beobachtet, wie du Pascal ins Gesicht geschlagen hast. Ich kann sehen, dass ihr miteinander Schwierigkeiten habt. Dennoch möchte ich nicht, dass du den Konflikt auf diese Weise löst.«*

Die Lehrkraft vermeidet es zu sagen, das Kind sei aggressiv oder mache sich wichtig. Indem das Verhalten beschrieben und nicht interpretiert wird, wird dem Kind nicht einfach die Schuld zugewiesen. Es geht darum zu verstehen, was vorgefallen ist, um daraus eine konstruktive Lösung abzuleiten. Das Kind seinerseits fühlt sich im Konflikt gesehen.

Zusammenhalt im Lehrerteam

Eine gute Verbindung innerhalb des Lehrerteams selbst stärkt die einzelne Lehrkraft und gibt ihr Halt. Das spüren die Kinder und fühlen sich sicher. Es festigt die gegenseitige Unterstützung und Zusammenarbeit. In der Schule gilt das Gleiche wie in der Familie: Geht es der Familie, respektive dem Lehrerteam gut, fühlen sich auch die Kinder wohl.

6.5 Herausforderungen annehmen

Kinder mit Prüfungsangst

In einer Therapiestunde fragte ich ein Kind, weshalb es Angst vor den Prüfungen in der Schule habe. »Ich habe Angst vor den Fragen. Ich kann den Stoff zwar vorbereiten, nicht aber die Fragen. Das macht mir Angst.« Die Antwort hat mich überrascht, ist doch der Schüler sehr intelligent und an schulischen Dingen interessiert.

Warum solche Ängste auftauchen, kann ganz verschiedene Quellen haben. Aus der Geschichte des Kindes weiß ich, dass es während Schwangerschaft und Geburt viele Interventionen erlebt hat. Damals fühlte es sich von diesen Interventionen überfallen und überwältigt, da es nicht vorbereitet wurde. Im Zusammenhang mit den erwähnten Erfahrungen liegt es nahe, dass das Kind ein Verhalten lernte, allem Unvorbereiteten von außen zunächst ablehnend gegenüberzutreten.

Nachfolgend werde ich Ideen für konstruktive Lösungen aufzeigen. Sie gelten für alle Kinder und sollten im Voraus mit der Klasse besprochen werden.

- Das Kind beginnt die Prüfung wie alle andern, bis es nicht mehr weiterarbeiten kann. Um den Druck nicht weiter ansteigen zu lassen, ist es sinnvoll, das Kind aus der Blockade zu holen. Es könnte eine andere klassenrelevante Aufgabe übernehmen. Z. B. könnte es auf dem Computer eine themenbezogene Arbeit vorbereiten, die es dann der Klasse vorstellt.
- Möchte das Kind die Prüfung fortsetzen, wenn es feststeckt, braucht es Unterstützung durch die Lehrkraft. Sie könnte es anleiten, zu jener Stelle zurückzugehen, wo es sich noch sicher fühlte. Von dieser Stelle aus kann es einen neuen Weg versuchen. Entscheidend ist, dass das Kind nicht in der Ausweglosigkeit sitzen bleibt, sondern mit allen Kindern im Boot ist.

- Atemübungen vor oder während einer Prüfung können für alle Schüler hilfreich sein. Dabei sollen sich die Kinder auf etwas ganz Spezielles konzentrieren. Sie könnten z. B. versuchen, auf die Bewegungen der Nasenflügel oder des Brustbeines beim Ein- und Ausatmen zu achten. Die Aufmerksamkeit richtet sich auf etwas anderes als auf die Prüfung. Es führt zu einer Entspannung und zu mehr Offenheit der Herausforderung gegenüber.

Angst vor dem Übergang

Oft spielt Angst vor dem Übergang in die nächste Schulstufe oder in die Lehre eine bedeutende Rolle. Es gibt Kinder oder Jugendliche, die aufgrund dessen ihr Potential nicht abrufen können. Die Mechanismen sind ähnlich wie im oben erwähnten Beispiel. In Kapitel 3 »Übergänge – Markenzeichen des Lebens« (vgl. S. 21ff.) weise ich darauf hin, dass Erfahrungen aus dem bisher Erlebten in den neuen Lebensabschnitt mitgenommen werden und diesen unbewusst prägen. Wenn es gelingt, zwischen der damaligen Erfahrung und der neuen Situation zu unterscheiden, kann die beängstigende Erwartung entschärft werden. Im Gespräch können gemeinsam Wege gefunden werden, um mit der angstbesetzten Lage umzugehen.

Konfliktbewältigung

Ist ein Konflikt entstanden, ist es ratsam, innezuhalten und nicht aus der Hektik heraus zu handeln. Das nimmt Druck aus dem Geschehen und verlangsamt den Prozess. Die Betroffenen können sich selber besser spüren und die Situation überdenken. Überhastetes Handeln könnte ein altes Trauma wachrufen. In der Entspannung öffnet sich ein Raum, in welchem klare Sicht und eine konstruktive Verarbeitung des Konfliktes möglich werden. Notwendige Schritte werden sichtbar und der Konflikt kann mit Beteiligung aller gelöst werden. Somit wird die Gestalt geschlossen, wie es die Gestaltpsychologie bezeichnet.

Wie kann das in der Praxis aussehen?

BEISPIEL

Ein Junge stört häufig den Unterricht, indem er dazwischenruft. Dadurch wird er von den Mitschülern immer mehr ausgegrenzt. Die Lehrkraft und die Mitschüler ärgert dies zusehends. Wie geht die Lehrkraft vor, damit eine konstruktive Lösung möglich wird?

- *Sie spricht mit dem Jungen und beschreibt, was sie beobachtet.*
- *Sie bespricht die Situation mit der ganzen Klasse in der Absicht, konstruktive Lösungen zu finden: Was kann jedes Kind, was kann die Lehrkraft beitragen, damit sich das Verhalten im positiven Sinne verändert?*
- *Sie teilt dem Jungen mit, dass sie seine Eltern über das Geschehene informieren werde. Dabei wird sie auch den Lösungsweg in der Klasse erwähnen.*

Wichtig scheint mir die Transparenz. In einer beschreibenden Art offenzulegen, was geschehen ist, unterstützt die Fähigkeit der gegenseitigen Unterstützung und Zusammenarbeit.

Anerkennung geben

Anerkennen, was ist, und neue Akzente setzen.

BEISPIEL

»Ich sehe, wie schwierig es gerade für dich ist, diese Arbeit in aller Stille zu erledigen. Du möchtest dich lieber mit deinem Nachbarn unterhalten. Das geht im Moment nicht, weil dadurch die andern Schüler gestört werden. Ich traue es dir zu, dass du wie die anderen still arbeiten kannst. Nachher darfst du stolz sein, dass es dir gelungen ist.«

Dadurch, dass die Lehrkraft ein Verhalten wohlwollend beschreibt und klare Grenzen setzt, fühlen sich die meisten Kinder ernst genommen. Das wiederum bewirkt, dass sie sich der

Aufgabe gegenüber leichter öffnen. (vgl. Beispiel »Klare Grenzen« S. 105)

6.6 Unterstützende Schritte auf dem Weg zurück in die Klasse

Es kommt immer wieder vor, dass ein Kind über längere Zeit den Kindergarten oder die Schule nicht mehr besuchen kann. Meine Erfahrung zeigt, dass es nur ganz wenige Kinder sind, die die Gemeinschaft mit andern Kindern meiden. Im Gegenteil, sie würden gerne mit ihren Kameraden in der Klasse zusammen sein, schaffen es aber aus unterschiedlichsten Gründen nicht. Wir müssen uns daher die Frage stellen, welche Schritte geeignet sind, damit das Kind von sich aus wieder in den Kindergarten oder in die Schule zurückkehrt. Erfahrungen mit Familien bestätigen mich in der Annahme, dass sich jedes Kind aus eigenem Antrieb für das Leben in dieser Welt und in dieser Gemeinschaft entschieden hat. Das trifft selbst für Kinder zu, die mit künstlicher Unterstützung ins Leben gekommen sind. Es gehört zum Wesen des Kindes, sich ins Leben hineinzubewegen und sich immer wieder Neuem zuzuwenden.

Welche Schritte könnten eine wirksame Unterstützung für alle Beteiligten sein? Auf dem Hintergrund der beiden in Kapitel 6.2 beschriebenen Leitgedanken, des Willkommenheißens und der gegenseitigen Unterstützung und Zusammenarbeit, möchte ich ein paar mir wichtig scheinende Aspekte auflisten:

- Ziel ist, dass das Kind wieder von sich aus und ohne Druck von außen den Kindergarten oder die Schule besuchen kann.
- Auslöser für das Wegbleiben sind häufig Angst und fehlende Sicherheit. Die Bezugspersonen sollten vermeiden, dem Kind ein schlechtes Gewissen zu vermitteln, weil es die Schule nicht besucht. Es ist in Ordnung, so wie es ist. Auch für das Kind selbst ist eine solche Situation ungewöhnlich, was seine Verunsicherung noch verstärken könnte.
- Bis das Kind wieder in die Gemeinschaft zurückkehren kann, soll es Arbeiten, die im Kindergarten oder in der

Schule ausgeführt werden, zu Hause erledigen. Es ist Sache der Eltern, eventuell zusammen mit dem Kind, die Arbeiten im Kindergarten oder in der Schule abzuholen und wieder hinzubringen. Damit kann die Verbindung zum Kindergarten oder zur Schule aufrecht erhalten bleiben. So vermitteln wir dem Kind, dass es trotz allem zur Gruppe gehört.

- Gleichzeitig finden auf therapeutischer Ebene regelmäßig Sitzungen mit Eltern und Kind statt – mit dem Ziel, die innere Sicherheit des Kindes und des Systems wieder aufzubauen und der Blockade für das Fernbleiben auf die Spur zu kommen. Dadurch wird der Impuls des Kindes gestärkt, sich an die Herausforderungen von Kindergarten oder Schule heranzuwagen.
- Die Lehrkraft nimmt ein- bis zweimal pro Woche mit dem Kind Kontakt auf. Dabei versichert sie ihm, dass es in die Gemeinschaft gehört und dort stets willkommen ist, auch wenn seine Anwesenheit im Moment nicht oder nur teilweise möglich ist.
- Eine schöne Form, dem abwesenden Kind zu zeigen, dass es in die Klasse gehört, ist der morgendliche Kreis, in welchem die Kinder begrüßt werden. Begrüßt werden auch die abwesenden Kinder, sei dies wegen Krankheit oder anderen Angelegenheiten. Auf diese Weise erfahren die Kinder, dass sie zusammen mit den Abwesenden eine Gemeinschaft bilden.
- Das Kind muss während der »Schulzeit« zu Hause betreut sein und darf nicht allein gelassen werden. Die Verbindung zu einer erwachsenen und dem Kind vertrauten Bezugsperson ist wesentlich. Das können z. B. Großeltern oder eine Tagesmutter sein, die das Kind gut kennen und denen es vertraut. Dabei geben gute und sichere Grenzen dem Kind Halt. Es geht grundsätzlich um ein Setting, das Sicherheit und gute Verbindung garantiert.
- Ein wesentlicher Schritt für Eltern und Lehrkräfte ist, in sich selbst das Vertrauen zu spüren, dass das Kind es schaffen wird. Daraus können sie ihm die Zuversicht vermitteln, dass es eines Tages wieder in den Kindergarten oder die Schule gehen wird.

- Sobald das Kind wieder in den Kindergarten oder in die Schule geht, sollte es wie jedes andere Kind dabei sein können. Es braucht keine Extrabehandlung. Wenn es der Belastung eines ganzen Tages noch nicht gewachsen ist, sollte es schrittweise herangeführt werden. Dabei kann die Unterstützung durch die Anwesenheit eines Elternteils in angemessener Form hilfreich sein.
- Die Kinder im Kindergarten und in der Schule sollen informiert werden, weshalb ihr Kamerad nicht in der Klasse sein kann. Eine Information, wenn sie beschreibend und klar ist, nehmen Kinder sehr gut auf. Ich habe schon mehrmals erleben dürfen, dass Kinder Verständnis für ihren Mitschüler zeigten. Die Angst, dass andere Kinder das Verhalten nachahmen könnten, ist verständlich. In Wirklichkeit habe ich es jedoch noch nie erlebt.
- Der Zeitpunkt, ab wann ein Kind wieder in den Kindergarten oder in die Schule gehen wird, sollte offen bleiben. Das nimmt bei allen Betroffenen unnötigen Druck weg. Wir dürfen vertrauen, dass jedes Kind in die Gemeinschaft zurückkehren will, wenn es sich sicher fühlt. Voraussetzung allerdings ist eine fachliche Begleitung, wie ich sie oben erwähnt habe.
- Ich kann die strukturelle Forderung der Schule oder des Kindergartens gut nachvollziehen, weil die pädagogischen Institutionen ebenfalls unter einem gewissen Druck stehen. Erstaunlicherweise hat nach meinen Erfahrungen ein flexibler Umgang mit einer solchen Situation stets zu einer positiven und nachhaltigen Lösung geführt. Die größte Herausforderung auf der Ebene der Erwachsenen bleibt jedoch die Fähigkeit, auf jeglichen Druck zu verzichten.
- Für Fragen seitens des Kindergartens oder der Schule soll die familienbegleitende Fachkraft im Sinne der gegenseitigen Unterstützung und Zusammenarbeit beratend zur Verfügung stehen. Regelmäßige Besprechungen bewirken, dass sich Kind und Familie getragen fühlen. Standortbestimmungen in gewissen Abständen können zudem aufzeigen,

ob wichtige Dinge übersehen wurden oder wo sich neue Aspekte der Begleitung ergeben.

Wenn wir alle Schritte einbeziehen, scheint der Aufwand groß zu sein. Mit dem Ziel, dass das Kind mit Selbstvertrauen und Sicherheit im Kindergarten oder in der Schule ohne Rückfall bleiben kann, lohnt es sich dranzubleiben.

Ich habe schon mehrmals erleben dürfen, dass allein die Bereitschaft zur Unterstützung seitens der Erwachsenen einiges in Bewegung gesetzt hat. Wir können es als Voraussetzung verstehen, damit das Kind wieder zu dem zurückkehrt, was seine Aufgabe ist, nämlich sein Potential im Kindergarten oder in der Schule auszuschöpfen, in tragender Verbindung mit Lehrkräften und mit anderen Kindern.

6.7 Übertragung und Gegenübertragung im Klassenzimmer

Paul Watzlawik (2016) sagt über die menschliche Kommunikation, dass man nicht nicht kommunizieren kann. Das trifft genauso auf Übertragung und Gegenübertragung zu. Es ist ein natürliches zwischenmenschliches Phänomen. Wann immer wir einem anderen Menschen begegnen, mit ihm zusammen sind oder nur schon an ihn denken, löst es in uns auf der körperlichen, emotionalen und kognitiven Ebene positive wie negative Reaktionen aus. Solche Vorgänge sind meistens unbewusst, sodass wir gar nicht wahrnehmen, wenn wir Gedanken und Gefühle auf andere übertragen. Dieser Prozess wird oft erst im Nachhinein entdeckt. Die Begriffe Übertragung, Gegenübertragung und Projektion stammen aus der Tiefenpsychologie.

Unter *Übertragung* verstehen wir einen Prozess, bei dem jemand unbewusst Gedanken, Gefühle, Erwartungen, Wünsche und Befürchtungen aus dem eigenen Leben, meist aus der Kindheit, auf einen anderen Menschen überträgt.

BEISPIEL

Das Aussehen einer Schülerin erinnert den Lehrer an seine

Tochter, zu der er eine innige Beziehung hat. Er überträgt unbewusst seine Gefühle auf diese Schülerin, indem er sie im Unterricht bevorzugt behandelt. Ohne sich dessen bewusst zu sein, entwickelt sich eine Vater-Tochter-Beziehung.

»Es geht also bei einer Übertragung um die Neuinszenierung von Erinnerungen unter veränderten äußeren Bedingungen.« (Holderegger 2014) In ähnlicher Weise formulieren Kaul und Fischer: »Wir nehmen unser Gegenüber auf der Basis früher verinnerlichter Beziehungserfahrungen wahr und reagieren dementsprechend. Die Ähnlichkeit, die wir unbewusst wahrnehmen, beeinflusst unsere assoziierten Körperempfindungen, Gefühle, Interpretationen, die Antizipation des Verhaltens des Gegenübers und unsere eigenen Verhaltensimpulse.« (Kaul u. Fischer 2016, S. 61)

Bei der *Gegenübertragung* reagieren wir mit unseren Gefühlen, Gedanken, Handlungen und Körperreaktionen auf die Verhaltensweisen, Gefühle und Äußerungen des Gegenübers. Die Reaktionen der Schüler rufen in der Lehrkraft ein Echo hervor, das mit den eigenen frühen Erfahrungen in Verbindung stehen kann.

BEISPIEL

Ein Schüler kommt regelmäßig zu spät zum Unterricht. Auch mit wiederholtem Besprechen zeigen sich keine Veränderungen. Die Lehrkraft fühlt sich durch den Misserfolg persönlich angegriffen und nicht ernst genommen und reagiert mit unverhältnismäßigen Strafen. In der Supervision kann sie erkennen, dass die »Verletzung« mit einer tiefen Kränkung als Kind zu tun hat. Diese »damalige« Erniedrigung wollte sie auf jeden Fall verhindern.

Unter dem Ausdruck *Projektion* verstehen wir einen Übertragungs- und/oder Gegenübertragungsprozess der besonderen Art. Es ist wie ein blinder Fleck, den wir erst in der Begegnung mit einem anderen Menschen entdecken. Wir bekämpfen beim Gegenüber ein Verhalten oder eine Emotion, was jedoch zu uns selbst gehört, uns aber im Augenblick des Geschehens nicht bewusst ist. Wir können weder die Gefühle selbst spüren, noch unseren Beitrag sehen.

BEISPIEL

Eine Lehrkraft ärgert sich besonders über das Verhalten einer Schülerin. Beim genauen Hinsehen in der Supervision erkennt die Lehrkraft bei sich selbst ein ähnliches Verhalten. Bisher ist es ihr schwer gefallen, sich damit auseinander zu setzen. Es sieht so aus, als ob die Schülerin ihr einen Spiegel vorhält.

Eine Projektion hat nicht nur mit negativen Erfahrungen aus der Kindheit zu tun. Es können durchaus positive Gefühle und Momente sein, die uns bei einem anderen Menschen anziehen. Wesentlich ist, dass die Verbindungen zur eigenen Geschichte nicht bewusst sind.

Wenn Lehrkräfte um die Bedeutung der frühen Bindungserlebnisse – der eigenen und jenen des Kindes – wissen, sind sie auf solche Mechanismen besser vorbereitet. Sie sind sich bewusst, dass die Mutter-Kind-Dyade (Vater-Kind-Dyade), aber auch die Eltern-Kind-Triade im Setting der Klasse als Potential schlummert. Diese Bindungsformen können besonders dann aktiviert werden, wenn mehrere Lehrkräfte in einer Klasse tätig sind. Dies ist in den heutigen Schulen die übliche Praxis, sogar auf der Kindergartenstufe. Eine besondere Bedeutung kommt den Bindungsformen zu, wenn Lehrkräfte mit unterschiedlichem Geschlecht in der gleichen Klasse unterrichten. Es kann durchaus geschehen, dass die Kinder ihre Gefühle auf die Lehrkräfte projizieren und in ihnen die »gute« oder »böse« Mutter oder entsprechend den »guten« oder »bösen« Vater »sehen«.

In der unten angefügten Graphik (Abb. 5) sind die verschiedenen Übertragungs- und Gegenübertragungsebenen dargestellt. Die Lehrkraft hat mit mindestens drei verschiedenen Übertragungsebenen zu tun, was eine echte Herausforderung bedeuten kann. Nebst den eigenen drei Ebenen von Übertragung und

Gegenübertragung, wie oben beschrieben, gilt es, das Geschehen innerhalb der Klasse im Auge zu behalten.

Das Übertragungsgeschehen dient als Brücke zwischen Menschen und zwischen dem Damals und Heute. Es ist ein Ineinandergreifen von Seele, Körper und Umwelt und wirkt sich auf die Selbstregulation, die Entwicklung von Selbstgefühl und Selbstwert aus.

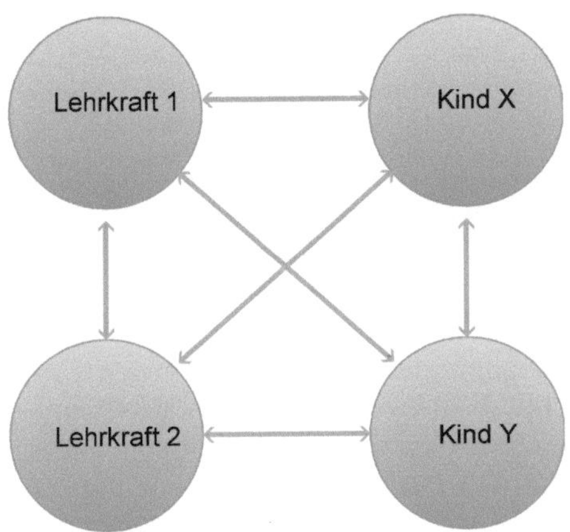

Abb. 5: Ebenen der Übertragung und Gegenübertragung im Klassensetting.

Wie können Lehrkräfte hilfreich mit Übertragung und Gegenübertragung umgehen und sie als Ressource nutzen?

Diese Frage ist insofern von Bedeutung, wenn die Lehrkraft in ihrer Klasse immer wieder auf Phänomene trifft, welche die gegenseitige Unterstützung und Zusammenarbeit erschwerend beeinflussen. Das Übertragungs- und Gegenübertragungsgeschehen ist gegenseitig, wobei die Lehrkraft nicht nur die eigenen Prozesse, sondern auch die zwischen den Schülerinnen und Schülern beachten sollte.

Sich Unterstützung von außen zu holen, erleichtert das Verstehen von Übertragungs- und Gegenübertragungsereignissen in der Klasse.

Möglichkeiten der Unterstützung könnten sein:

- Die Lehrerkraft lädt eine vertraute Kollegin, einen vertrauten Kollegen ein, während des Unterrichts entsprechend ihrer Intention auf bestimmte Dinge zu achten. Das kann die Art und Weise betreffen, wie die Lehrkraft mit den Schülern umgeht, wie sie auf ein bestimmtes Kind reagiert, wie ein Kind auf die Lehrkraft reagiert, u. a. Die beobachtende Person gibt der Lehrkraft eine wertfreie und aufbauende Rückmeldung. Es kann und darf sein, dass sich ihre Wahrnehmung wesentlich von derjenigen der Lehrkraft unterscheidet. Beide Wahrnehmungen haben ihre Richtigkeit und sollen nebeneinander stehen. Meistens nehmen wir nur einen Teil des Geschehens wahr. Wenn die Lehrkraft für die Wahrnehmung der Kollegin oder des Kollegen offen ist, kann sie unter Umständen neue Aspekte bei sich entdecken.
- Ebenso kann die Schulleiterin, der Schulleiter den Unterricht besuchen, wenn die beschriebenen Voraussetzungen zutreffen. Die systemisch unterschiedlichen Rollen müssen berücksichtigt werden. Entscheidend ist, damit achtsam umzugehen und die Gegenübertragung zu beachten. Diese könnte darin bestehen, dass die Schulleitung sich unbewusst mit der Lehrkraft identifiziert.
- Im ähnlichen Rahmen könnte eine Supervisorin, ein Supervisor die Begleitung übernehmen. Ein bedeutender Vorteil dieses Weges liegt darin, dass die beratende Person unabhängig und im Schulsystem nicht eingebunden ist. Auf diese Weise ist eine mögliche Gegenübertragung weniger aktiv.
- Die Tandembegleitung werde ich im Kapitel »7.4 Eigene Ressourcen pflegen« näher beschreiben.

Übertragung und Gegenübertragung gehören zum beruflichen und persönlichen Alltag. Der konstruktive Umgang mit Übertragung und Gegenübertragung kann ein äußerst wertvolles Mittel sein, die Kompetenz einer Lehrkraft zu stärken und zu erweitern.

7 Gesunde Lehrkräfte = Gesunde Kinder

7.1 Lehrkräfte, die gut für sich sorgen

Ich möchte eine Erfahrung an den Anfang stellen, die mir in der Arbeit mit Familien begegnet. *Wenn es den Eltern gut geht und sie gut für sich sorgen, dann geht es meistens den Kindern auch gut.* Dieser Leitsatz gilt ebenso für Lehrkräfte. Gut für sich sorgende Lehrkräfte sind ausgeglichener, haben mehr Ressourcen, sind offener für die Anliegen anderer und können für sich selbst passende Grenzen setzen. Sie sind in der Lage, sich innerlich zurückzulehnen, um die Kinder, die Beziehungen und die schulischen Herausforderungen differenzierter wahrzunehmen. Damit schaffen sie die Basis, um nicht nur die pädagogischen, sondern auch die didaktischen Ziele der Schule zu erreichen.

Ich beschränke mich auf Aspekte im Zusammenhang mit frühen Erfahrungen während Schwangerschaft und Geburt.

7.2 Die eigene Schwangerschafts-, Geburts- und Schulgeschichte kennen

Eltern und Lehrkräfte, die mit Kindern zu tun haben, erleben etwas Gemeinsames. Die Kinder berühren sie in ihrer eigenen Geschichte. Wenn wir uns mit Kindern intensiv auseinandersetzen, begegnen wir unserem eigenen inneren Kind, ohne dass wir uns dessen vorerst bewusst sind. Erinnerungen aus unserer Kindheit tauchen oft unerwartet auf. Wir kommen mit den eigenen Themen von damals in Kontakt. Ängste, Verunsicherungen und andere Gefühle sind plötzlich da und beschäftigen uns. Besonders Erfahrungen aus der eigenen Schulzeit, unsere damaligen

Beziehungen zu Lehrpersonen und Mitschülern und Familienerinnerungen können in der Gegenwart, in Begegnungen und im Verhalten der Schüler aktiviert werden. Erfahrungen, schmerzhafte und freudige, können ungewollt auf den Schüler übertragen werden (vgl. Kap. 6.7 Übertragung und Gegenübertragung im Klassenzimmer). Indem die Lehrkraft sich mit der eigenen Schwangerschafts-, Geburts- und Schulgeschichte auseinandersetzt und sie näher kennenlernt, kann sie es vermeiden, eigene Erfahrungen auf den Schüler zu projizieren oder zu übertragen. Die Frage, was im Umgang mit dem Schüler aus der eigenen Geschichte berührt wird, kann wegweisend sein.

BEISPIEL

Ein Lehrer wird sehr wütend, wenn er sieht, wie ein Schüler das »Stopp« eines Kameraden nicht respektiert. Die Wut ist im Verhältnis zu dem, was geschehen ist, deutlich stärker. Der Lehrer ist ein friedliebender Mensch, der es allen recht machen möchte. Dabei entgeht ihm, dass er sich durch diese Einstellung immer wieder selbst überfährt und zu wenig auf sich, seine Bedürfnisse und seine Grenzen achtet. Er überhört das eigene »Stopp« und bekämpft ein Verhalten des Schülers, das er bei sich selbst beachten müsste. (vgl. Projektion in Kap. 6.7)

7.3 Umgang mit sich selbst – Gefühle anerkennen

Wie im vorausgehenden Abschnitt erwähnt, werden wir in der Begegnung mit anderen Menschen bewusst oder unbewusst in unserer eigenen Geschichte berührt. Kinder, gleich welchen Alters, berühren oft jene Erfahrungen und Erlebnisse, die wir im gleichen Alter erlebt haben. Somit können ganz verschiedene Gefühle in uns auftauchen, die wir einesteils mögen, die wir aber auch ablehnen möchten. Wenn die Lehrkraft in der Lage ist, alle Gefühle zuzulassen und bei sich selbst anzuerkennen, wird sie sie weniger auf die Schüler übertragen oder an ihnen ausleben. Dadurch kann sie gelassener reagieren, wenn ein Schüler durch sein Verhalten eine besonders verletzliche Seite in ihr berührt. Das kann jedoch recht herausfordernd sein. Wenn sie jedoch immer wieder schwierige eigene Gefühle bekämpft oder ablehnt, als ob sie nicht zu ihr gehören dürften, verkrampft sie sich und beeinträchtigt das eigene Wachsen und Weiterentwickeln, sowie den Kontakt zu den Kindern. Der Zugang zu einer wirklichen Veränderung und zu den Schülern kann erschwert werden.

7.4 Eigene Ressourcen pflegen

Kraft und Motivation für den schulischen Alltag holen sich Lehrkräfte auf unterschiedliche Art und Weise. Jeder Mensch hat seine persönlichen inneren und äußeren Ressourcen. Sie können in der Familie, in freundschaftlichen Beziehungen, in entspannten Reisen und Ferienaufenthalten, im eigenen musischen Tun, beim Lesen eines Buches, im Sport, oder in der Supervision oder Intervision angesiedelt sein.

Naheliegende Quellen, an die oft gar nicht gedacht wird, und die jedem spontan zur Verfügung stehen können, sind auch die Selbstmotivation und Achtsamkeit mit sich selbst. Das beginnt mit anregenden Fragen bereits bei der Vorbereitung einer Lektion:

- Mit welcher Intention gehe ich in den Tag hinein?
- Worauf freue ich mich?
- Was schenke ich mir selbst in einer bestimmten Lektion, am heutigen Morgen?
- Was gefällt mir an einer bestimmten Lektion ganz besonders?
- Worauf möchte ich in einer bestimmten Lektion besonders achten, damit es mir gut geht?

Zur Pflege der Ressourcen und zum achtsamen Umgang mit sich selbst gehören auch Fragen wie:

- Was macht mir Kummer?

- Wovor habe ich Angst?

Mit Rückblick auf den Schultag können folgende Fragen bereichernd sein:

- Was ist mir heute gelungen?
- Wie bin ich mit mir selbst zufrieden?
- Gibt es Dinge, die noch nicht gelöst sind? In der Psychologie sprechen wir von offenen Gestalten.

Es geht bei diesen Fragen um Anerkennung des eigenen Seins und Tuns und nicht um eine Bewertung.

Mit den oben erwähnten Fragen kann die Lehrkraft vermeiden, Energie einzusetzen, um etwas zu verdrängen oder auszublenden. Denn diese Energie wirkt oft erschöpfend und ist nicht selten für ein Burnout verantwortlich. Übungen zum eigenen Wohlbefinden, wie die auf Seite 97f. beschriebene Übung zur eigenen Mitte, unterstützen den Prozess der psychischen Stärkung. Sie tragen dazu bei, sich selbst zu regulieren, den eigenen Rhythmus zu verlangsamen und aus der eigenen Aktivierung heraus in die Ruhe zu finden. Gelingt dies der Lehrperson, lernen die Kinder an ihrem Beispiel, selbst ruhig zu werden und zu sich zu finden. Kinder orientieren sich an den Erwachsenen, an deren Werte und Haltungen. In der eigenen Mitte zu sein, ist eine wesentliche Voraussetzung, mit sich und andern in eine tragende Verbindung zu kommen.

Oft kann es geschehen, dass die inneren Ressourcen nicht ausreichen, was keineswegs mit Schwäche gleichzusetzen ist. Indem die Lehrkraft auf ihren Körper achtet und auf ihn hört, wird sie erste Anzeichen des Unwohlseins wahrnehmen. Sich Unterstützung im außen zu holen, kann eine weitere Ebene sein, die eigenen Kompetenzen zu stärken. Statt viel Energie als Einzelkämpferin zu verschwenden, führt das Miteinander zu mehr Zusammengehörigkeit und gegenseitiger Unterstützung.

Möglichkeiten sind:

- *Das »Tandem«* (vgl. dazu Käppeli, Marco 2018), bei dem sich zwei Lehrpersonen gegenseitig unterstützen. Sie besuchen sich im Unterricht und geben einander Rückmeldungen, wie sie den Unterricht des Tandempartners erleben. Bei diesen Besuchen können bestimmte Fragen zum Unterrichtsstil oder zur Beziehung zu einem oder mehreren Kindern im Mittelpunkt stehen. Geschieht dies in gegenseitiger Unterstützung und Zusammenarbeit und im Willkommensein, fördert es das persönliche und berufsspezifische Wachsen. Dabei gewinnen Lehrpersonen und Kinder.
- *Intervision* in kleinen Gruppen.
  Lehrkräfte treffen sich regelmäßig zum persönlichen und beruflichen Austausch. Dabei geben eine klare Struktur und die auf dem Hintergrund der im Kapitel »Leitgedanken für ein gesundes Zusammenleben« beschriebenen Spielregeln erforderlichen Halt und Sicherheit. Fragen und Anliegen aus dem beruflichen Feld und auch persönliche Themen können in diesem Gefäß achtsam und unterstützend besprochen werden.

7.5 Interaktion fördern

In Konfliktsituationen wird häufig das Symptom ins Zentrum gestellt. Ursachen und Schuldige werden gesucht. Es ist ein Vorgehen, bei dem es »Verlierer« und »Sieger« geben wird. Solche Erfahrungen bringen viele Kinder bereits aus der eigenen Familie mit.

Ob ein solches Vorgehen das Klima in der Klasse und zwischen Schülern und Lehrpersonen verbessern wird, bleibt offen. Ich befürchte das Gegenteil. Die Lehrkraft könnte z. B. im Sinne der gewaltfreien Kommunikation nach Marshall B. Rosenberg (2016) den Konflikt zu lösen versuchen, indem sie die Schüler zu einer konstruktiven Interaktion anleitet. Die Kinder lernen einander zuzuhören, die Gefühle und Gedanken der andern wahrzunehmen, ihre eigene Wahrnehmung und ihre eigenen Gedanken und Gefühle mitzuteilen.

Daraus entwickeln sich zwei Fragen:

- Was braucht jedes Kind, damit der Konflikt konstruktiv gelöst werden kann?
- Was kann jedes Kind beitragen, um den bestehenden Konflikt zu lösen?

Im Sinne der Leitgedanken für ein gesundes Zusammenleben (s. S. 88f.) lernen alle Beteiligten, dass es das Gegenüber ernst meint und an einer für alle stimmigen Lösung des Konfliktes interessiert ist. Für Erwachsene und Kinder ist dies ein längerer Lernprozess und die Kinder lernen am Beispiel der Erwachsenen.

7.6 Gegenseitige Unterstützung und Zusammenarbeit zwischen Schule und Elternhaus

In einer wertschätzenden Verbindung zwischen Schule und Elternhaus, in welcher alle einander willkommen heißen können, fühlen sich Kind, Lehrkraft und Eltern gesehen und getragen. Wegweisend dabei sind die Leitgedanken, die in der Beziehung zwischen Schule und Elternhaus umgesetzt und gelebt werden. Im ehrlichen und fairen Dialog Schule-Elternhaus können Schüler spüren, dass sie wichtig und sicher sind. Das wiederum fördert ihre Motivation für ein konstruktives Miteinander.

Es geht darum, die Eltern ins Boot zu holen. Dazu eignen sich Elternabende oder persönliche Gespräche, um Fragen, Sorgen, Meinungen und Ideen einbringen zu können. Viele Eltern möchten gehört werden und konstruktiv mitwirken. Wenn sie erleben, dass sie z. B. trotz gegenteiliger Meinung gehört werden, können sie auch andere sehen und hören. Hinderlich in einem konstruktiven Gespräch könnte der Versuch sein, den Gesprächspartner mit eigenen Argumenten zu überzeugen und ihn damit ins Boot zu holen. In Wirklichkeit geht es darum, verschiedene Ideen nebeneinander gelten zu lassen, sie anzuerkennen und daraus einen bestmöglichen Weg zu finden. Solche Prozesse können durchaus zeitaufwändig sein. Dennoch lohnen sie sich.

8 Abschließende Gedanken und eine Vision

8.1 Das Kind in der Vielfalt von Energiefeldern

Kinder bringen Erfahrungen aus der frühesten Zeit in alle Bereiche ihres Lebens mit, und damit auch in die Schule. Sie zeigen sie in der Familie, in der Schule, im Sportverein. Tauchen Schwierigkeiten auf, geht es einerseits um das Kind und seine spezifische Thematik. Gleichzeitig spiegelt uns das Kind etwas von der Energie aus dem System, in dem es sich gerade befindet. Sein Verhalten kann somit eine Chance für ein System sein, das Thema mehrschichtig anzugehen.

BEISPIEL

Als Schulpsychologe wurde ich in ein Schulhaus gerufen, weil die Schüler auf dem Pausenplatz sehr aggressiv miteinander umgingen. Als ich auf dem Pausenplatz das Verhalten der Schüler beobachtete, konnte ich die Beobachtung des Lehrerteams bestätigt sehen. Beim nächsten Besuch setzte ich mich beim Pausenkaffee in die Lehrerrunde. Mit Erstaunen beobachtete ich, wie verdeckt aggressiv und abwertend einzelne Lehrkräfte miteinander umgingen. Da sie meine Einschätzung und Beratung wünschten, konnte ich offen mit ihnen über meine Beobachtungen sprechen. Sie waren offen, zumal viele von ihnen die Atmosphäre im Lehrerzimmer als ebenfalls belastend empfanden. In den darauffolgenden Sitzungen haben wir Formen der Unterstützung besprochen:

- *achtsamer miteinander umgehen*
- *einander hören und sehen*
- *einander respektieren*

Diese drei Grundsätze haben sich aus den gemeinsamen Besprechungen ergeben. Das Lehrerteam war sichtlich bemüht, etwas in konstruktiver Hinsicht zu verändern.

Das Geschehen auf dem Pausenplatz blieb Nebensache. Erstaunlicherweise veränderte sich das Verhalten der Schüler auf dem Pausenplatz fast parallel zu den Veränderungen, die im Lehrerzimmer geschahen. Es brauchte nur wenige Wochen, bis sich das Klima im und um das Schulhaus entscheidend verändert hatte. Die Schüler schienen sich wohler zu fühlen und begegneten einander mit mehr Respekt. Die Lehrkräfte haben es ihnen vorgelebt.

Es ist bedeutsam, dass wir alle möglichen Energiefelder in Betracht ziehen. Wie sich das Befinden eines Schülers auf andere Felder auswirken kann und umkehrt, wie sich diese Felder auf einen Schüler auswirken können, zeigt nachfolgende Graphik.

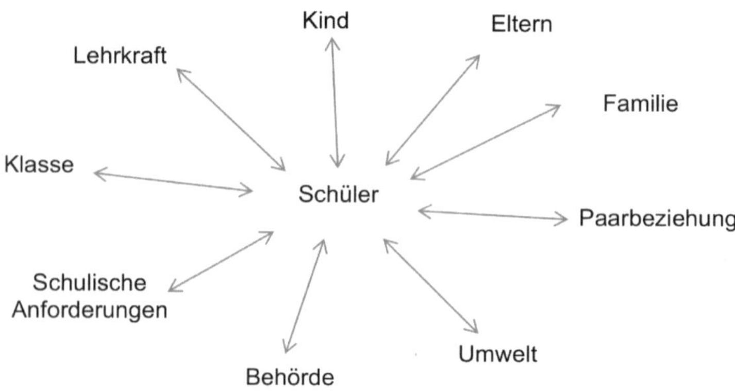

Abb. 6: Der Schüler im Austausch mit verschiedenen Systemen.

Die Darstellung zeigt die gegenseitige Beeinflussung in den wichtigsten Ebenen auf. Es gibt jedoch Beziehungsfelder, mit denen der Schüler nicht direkt zu tun hat, deren Wirken ihn aber dennoch beeinflussen können.
Dazu gehören:

- Beziehungen im Lehrerkollegium

- Beziehung zwischen der Lehrkraft und den Eltern des Kindes
- Beziehung zwischen der Lehrkraft und der Klasse
- Beziehung zwischen der Lehrkraft und der Schulbehörde
- Beziehung zwischen der Lehrkraft und den schulischen Anforderungen
- Beziehung zwischen den Eltern des Kindes und der Klasse
- Beziehung zwischen den Eltern des Kindes und der Schulbehörde
- Beziehung zwischen den Eltern des Kindes und den schulischen Anforderungen

8.2 Meine Vision

Wir leben in einer Welt, in welcher zunehmend mehr auf die Menschen einströmt. Fast alles scheint machbar zu sein, was zur Folge hat, dass Erwartungen und Anforderungen zunehmen. Davon sind auch die Kinder nicht verschont. Häufig werden sie mit Erwartungen überhäuft, die dem Gedankengut der Erwachsenen entspringen und meist gut gemeint sind. Ob sie auch wirklich dem Wohle des Kindes dienen, ist eine offene Frage.

- Wie gehen Kinder mit diesen Erwartungen um?
- Wie bringen sie ihre eigenen Intentionen mit jenen der Erwachsenen in Einklang?
- Werden sie in ihren Intentionen gehört und ernst genommen?
- Worauf kommt es letztlich an?

Kinder brauchen Bezugspersonen, die sie bedingungslos willkommen heißen und ihnen Mut machen, das eigene Potential auszuschöpfen und den Impulsen zu folgen, die sie ins Leben gebracht haben. So werden sie mit Freude und Unternehmergeist auf dem Bauplatz ihres Lebens weiterbauen!

Freude und Unternehmergeist auf dem Bauplatz des Lebens.

Ich hoffe und wünsche mir, dass die Schule diesen Auftrag in einem umfassenden Rahmen erkennen und leben kann. Es wird ein fortwährender Prozess der gegenseitigen Unterstützung und Zusammenarbeit.

9 Literatur

Austermann, Alfred R., Austermann, Bettina (2006) Das Drama im Mutterleib. Der verlorene Zwilling. Königsweg-Verlag, Berlin

Austermann, Alfred R., Austermann, Bettina (2013) Ich habe meinen Zwilling verloren – Alleingeborene erzählen – eine Entdeckungsreise für Suchende. Königsweg-Verlag, Berlin

Blechschmidt, Erich (2008) Wie beginnt das menschliche Leben. Vom Ei zum Embryo. 8. Aufl. Christiana-Verlag, Stein am Rhein

Buckley, Sarah (2009) Gentle Birth, Gentle Mothering. The wisdom and science of gentle choices in pregnancy, birth and parenting. Celestial Arts Berkeley/California

Deutsches Ärzteblatt International (2017) Aufmerksamkeitsdefizit-/Hyperaktivitätsstörung. Eine aktuelle Bestandsaufnahme. 114 (9)

Dilling, Horst, Mombour Werner, Schmidt Martin H. (Hg) (2015) ICD-10. Internationale Klassifikation psychischer Störungen. 10., überarbeitete Aufl., Hogrefe-Verlag, Bern

Emerson, William (2000) Das verletzliche Ungeborene. In: Harms, Thomas (Hg) Auf die Welt gekommen. Die neuen Baby-Therapien. Ulrich Leutner-Verlag

English, Jane (2015) Physische und psychosoziale Aspekte der Kaiserschnittgeburt. In: Janus, Ludwig, Haibach, Sigrun (Hg) Seelisches Erleben vor und während der Geburt. 2. Aufl., Verlag Mediengruppe Oberfranken, Bamberg, S. 121–132

Heller, Laurence (2013) Entwicklungstrauma heilen. Alte Überlebensstrategien lösen. Selbstregulierung und Beziehungsfähigkeit stärken. Kösel-Verlag, München

Hildebrandt, Sven (2017) Vision einer beziehungsgeleiteten Geburtskultur. Vortrag am 17. November 2017 in Dornbirn, Österreich

Holderegger, Hans (2014) Die Bedeutung der Übertragung und Gegenübertragung im Alltag und in der Psychotherapie. Vortrag vom 17. Mai 2014 an der interkantonalen Hochschule für Heilpädagogik, Zürich

Hüther, Gerald (2016) Interview im Migros-Magazin Nr. 32

Käppeli, Klaus (2012) Die Kaiserschnittgeburt im Erleben des Kindes. Wie erleben Kinder künstliche Eingriffe bei der Geburt und was nehmen sie davon mit ins Leben, dargestellt am Beispiel der Kaiserschnitterfahrung. In: Hildebrandt, Sven u.a. (Hg.): Wurzeln des Lebens. Die pränatale Psychologie im Kontext von Wissenschaft, Heilkunde, Geburtshilfe und Seelsorge. Mattes, Heidelberg, S. 174–181

Käppeli, Klaus (2013) Erfahrungen aus der therapeutischen Praxis in der Behandlung von Kindern und Jugendlichen. In: Janus, Ludwig (Hg.) Die pränatale Dimension in der Psychotherapie. Mattes, Heidelberg, S. 55–64

Käppeli, Klaus (2013) »Mami, warum haben sie mich einfach geholt?« Natürliche Wehen und Wehenmittel im Erleben des Kindes und Erwachsenen. Psychosozial 36. Jg., Nr. 134, Heft IV, S. 73–83

Käppeli, Klaus (2015) Ist alles machbar? – Die künstliche Befruchtung mit den Augen der Kinder. In: Hildebrandt, Sven, u.a. (Hg.) Schwangerschaft und Geburt prägen das Leben. Mattes, Heidelberg, S. 83–91

Käppeli, Klaus (2016) Die Kaiserschnittgeburt. In: Harms, Thomas (Hg.) Körperpsychotherapie mit Säuglingen und Eltern. Grundlagen und Praxis. Psychosozial-Verlag, Gießen, S. 91–113

Käppeli, Klaus (2017) Eine Schule, die Kinder gerne besuchen. Wege der gegenseitigen Zusammenarbeit und Unterstützung. Unveröffentlichtes Dokument

Käppeli, Marco (2018) Teamteaching als neue Kultur in der Zusammenarbeit auf der Oberstufe. Zertifikatsarbeit 2018 (Bezug beim Autor)

Kaul, Eva, Fischer, Markus (2016) Einführung in die Integrative Körperpsychotherapie (IBP). Hogrefe, Bern

Kohn, Alfie (2016) Liebe und Eigenständigkeit. Die Kunst bedingungsloser Elternschaft, jenseits von Belohnung und Strafe. 6. Aufl., Arbor-Verlag, Freiburg i. Br.

Levine, Peter A., Kline, Maggie (2007) Verwundete Kinderseelen heilen. Wie Kinder und Jugendliche traumatische Erlebnisse überwinden können. 3. Aufl. Kösel-Verlag, München

Mändle, Christine, Opitz-Kreuter, Sonja, Wehling, Andrea (2007) Das Hebammenbuch. Lehrbuch der praktischen Geburtshilfe. 5. Aufl. Schattauer, Stuttgart

Pschyrembel (2015) Klinisches Wörterbuch. 266. Aufl. de Gruyter, Berlin

Rodgers, Caroline (2006) Questions about Prenatal Ultrasound and the Alarming Increase in Autism. Midwifery Today Issue 80, 16-9, 66-7

Rohen, Johannes W., Lütjen-Drecoll, Elke (2011) Funktionelle Embryologie. Die Entwicklung der Funktionssysteme des menschlichen Organismus. 4. Aufl. Schattauer, Stuttgart

Rosenberg, Jack Lee, Kitaen-Morse, Beverly (2011) Geheimnis der Intimität. i-books-Verlag, St. Gallen

Rosenberg, Marshall B. (2016) Gewaltfreie Kommunikation. Eine Sprache des Lebens. 12. überarbeitete und erweiterte Aufl. Junfermann Verlag, Paderborn

Schaffer, Ulrich (1990) Ins Blaue wachsen. 3. Aufl., Kreuz Verlag, Stuttgart

Schlochow, Barbara (2007) Gesucht: Mein verlorener Zwilling. Liebe und Tod am Beginn des Lebens. Vom Trauma zum Segen. Editions à la Carte, Zürich

Schulz von Thun, Friedemann (2014) Miteinander reden. Teil 1: Störungen und Klärungen. 52. Aufl. Rowohlt, Reinbek

Sills, Franklyn (2001) Craniosacral Biodynamics, Volume One: The Breath of Life, Biodynamics, and Fundamental Skills. North Atlantic Books, Berkeley CA

Steinemann, Evelyne (2014) Der verlorene Zwilling. Wie ein vorgeburtlicher Verlust unser Leben prägen kann. 10. Aufl., Kösel, München

Van der Wal, Jaap (2005) Die Sprache des Embryos. Die Phänomenologie des embryonalen Daseins. www.embryo.nl

Watzlawick, Paul (2016) Menschliche Kommunikation. Formen, Störungen, Paradoxien. 13. Aufl. Hogrefe, Bern

DVDs

Käppeli Klaus (2009) Die Kaiserschnittgeburt im Erleben des Kindes. 138 Minuten

Käppeli Klaus (2009) Zange und Vakuum. Was erlebt das Kind dabei? 120 Minuten

Käppeli Klaus (2010) Bonding – das Tor zur Welt der Beziehung. 132 Minuten

Käppeli Klaus (2010) Schwangerschaft – Trainingsfeld des Lebens. 135 Minuten

Das sagen Leserinnen und Leser …

Ich verspüre das grosse Bedürfnis, Ihnen mitzuteilen, welche Offenbarung Ihr Buch »Die Schule – Geburts- und Lebensraum des Kindes« für mich gewesen ist. Es ist gestern mit der Post angekommen und ich habe es heute Morgen bereits fertig gelesen. Ich war bis vor zwei Jahren Lehrperson, bin Mutter zweier Kinder (5 und 7, ja, sie sind gerade frisch in den Kindergarten und die Schule gekommen), Doula Geburtsbegleiterin und nun seit einem Jahr in einer Coaching-Ausbildung. Ihr Buch fasst zusammen, was ich seit langer Zeit und immer deutlicher gespürt habe, aber noch nicht in Worte fassen konnte. Es gibt meinem Weg gerade ziemlich Sinn. Vielen Dank für das Schreiben dieses Buches! M.S.-H.

Das, was mich am meisten beeindruckt hat, war die liebevolle Art, die so klar rüber kommt in deinem Buch. Ganz egal ob es sich um die Kinder, Eltern oder Lehrer handelt. Deine Wertschätzung anderen Menschen gegenüber ist einfach unheimlich wohltuend – gerade in unserer Zeit! Gefallen hat mir auch, dass du auf so viele Dinge eingegangen bist – Übergänge, Hintergründe, Sicherheit, Gesundheit für Lehrer, usw. Niemals bist du plakativ oder gar anklagend geworden. Eben, du versuchst alle Beteiligten gut im Blick zu haben. Benennst Dinge klar und regst sehr zum Denken an. Das Buch war auch – gerade durch die Beispiele sehr kurzweilig zu lesen, es kam ganz viel Lebendigkeit bei mir an, und natürlich auch ganz viel Berührtsein, wie Kinder sich ausdrücken und wie sie Krisen überwinden, wenn sie liebevoll begleitet werden. Immer wieder nickend, habe ich dein Buch gelesen! Ich hoffe, dass viele Menschen - egal in welchem Feld, aber vor allem auch viele Lehrkräfte dein Buch lesen!!! N.E.

Ich bin am Lesen deines Buches und staune nur, was in mir da in Resonanz geht … einfach wunderbar. Ein grosses Dankeschön an Dich! K.M.

Zu meiner Person

Nach dem Studium in Heilpädagogik und Psychologie in Fribourg (CH) war ich von 1973 bis 1988 Schulpsychologe in der Stadt St. Gallen und habe mich bereits damals auf gegenseitige Zusammenarbeit und Unterstützung zwischen Schule, Eltern und Behörden konzentriert. Bereits 1983 habe ich in der Schweizerischen Lehrerzeitung mit dem Artikel »Das Kind aus dem Brennpunkt nehmen – neue Wege der Schulpsychologie« auf dieses Thema aufmerksam gemacht. Meine persönliche und berufliche Weiterbildung habe ich im Bereich der Körperpsychotherapie, Paar- und Familientherapie, der Craniosacraltherapie und vor allem in der prä- und perinatalen Psychologie auf vielseitige Weise erfahren dürfen. Seit 1988 führe ich eine Praxis in somatischer Psychotherapie und seit 1996 befasse ich mich vorwiegend mit Erfahrungen während Schwangerschaft und Geburt und ihren Auswirkungen auf das Leben der kleinen und großen Menschen. Dabei interessieren mich ganz besonders Themen im schulischen Feld, die noch wenig erforscht sind. In Vorträgen und Seminaren im In- und Ausland konnte ich einen bereichernden Austausch mit Kolleginnen und Kollegen pflegen, die meine Arbeit vertieft haben.

Ich bin verheiratet und Vater von drei Söhnen. Die Familie war ein abwechslungsreiches Lernfeld und heute zählen die sieben Enkelkinder zu meinen bedeutendsten Lehrmeistern.